武汉大学刑法博士文丛（31）

操纵证券市场罪研究

余磊 著

中国人民公安大学出版社
·北 京·

图书在版编目（CIP）数据

操纵证券市场罪研究/余磊著．—北京：中国人民公安大学出版社，2013.7

（武汉大学刑法博士论文丛）

ISBN 978-7-5653-1122-2

Ⅰ.①操… Ⅱ.①余… Ⅲ.①证券市场—金融犯罪—研究—中国 Ⅳ.①D924.334

中国版本图书馆 CIP 数据核字（2013）第 282656 号

操纵证券市场罪研究

余磊 著

出版发行：中国人民公安大学出版社
地　　址：北京市西城区木樨地南里
邮政编码：100038
经　　销：新华书店
印　　刷：北京蓝空印刷厂

版　　次：2013 年 7 月第 1 版
印　　次：2013 年 7 月第 1 次
印　　张：6.5
开　　本：880 毫米×1230 毫米　1/32
字　　数：162 千字

书　　号：ISBN 978-7-5653-1122-2
定　　价：27.00 元

网　　址：www.cppsup.com.cn　www.porclub.com.cn
电子邮箱：zbs@cppsup.com　zbs@cppsu.edu.cn

营销中心电话：010-83903254
读者服务部电话（门市）：010-83903257
警官读者俱乐部电话（网购、邮购）：010-83903253
法律图书分社电话：010-83905745

本社图书出现印装质量问题，由本社负责退换

武汉大学刑法博士文丛

总　　序

依法治国、建设社会主义法治国家已成为我国的基本治国方略，而刑事法治是社会主义法治的重要组成部分。因此，以刑事法治为研究内容的刑法科学也一直受到国家和社会的重视。改革开放以来，我国的刑法学研究取得了长足的进步，研究领域日益扩展，研究层次不断提高，呈现出空前繁荣兴旺的景象。这一大好局面的取得，离不开几代刑法学人的奋斗，其中也包括刑法学博士研究生们的努力。他们风华正茂、思想活跃、勤于探索、刻苦钻研，所撰写的博士论文一般来说选题合理、资料翔实、思路开阔、论证充分、精品迭出，为刑法理论的完善与发展作出了贡献。

武汉大学刑法学科从1987年开始招收博士生，在将近20年的时间里，为社会输送了一批又一批高质量的人才，同时也使博士点本身得以不断发展与壮大。武汉大学刑法学的博士研究生们关注刑法基础理论的研究，重视学位论文的撰写，他们的论文大多具有真知灼见，理论水平较高。一部分论文出版之后，在社会上得到好评。进入新的世纪，由于博士生招生规模的扩大，每年毕业的博士生数量大增，优秀博士论文的数量也相应增多，以往每年出版两本毕业论文的规模已经跟不上形势的发展变化。如果优秀的博士论文因各种原因不能付梓，研究成果无法与读者见面，既不利于理论成果的社会共享，也不利于年轻学者的脱颖而出。有鉴于此，我们与中国人民公安大学出版社洽商，设立“武汉大学刑法博士文丛”，出版社慨然允诺，给予支持。这样每年出版一批优秀的刑法学博士论文，形成规模效益，可以凝聚成一股学术力量，为刑法学界增添较有分量的学术成果。

“武汉大学刑法博士文丛”由武汉大学法学院刑事法研究中心的教授组成编委会，负责编辑出版事宜，以每年答辩的刑法学博士论文为选择范围，审慎选择其中优秀的博士论文逐年编辑出版。“武汉大学刑法博士文丛”的质量，取决于入选论文的水平。它的社会评价的高低，是检验武汉大学刑法学博士点教学研究水平的试金石。希望我们的博士研究生能够潜心治学、求真务实、重视创新、锐意进取，写出高质量的博士论文，使这套文丛不断有优秀著作问世。

最后需要提出的是，多年来中国人民公安大学出版社给予了武汉大学刑法学科大力支持，“武汉大学刑法博士文丛”的顺利出版正是这种支持的又一具体体现。借此机会，我本人并代表编委会谨向中国人民公安大学出版社表示由衷的感谢！

马克昌

2006 年夏于珞珈山

序

证券市场的出现和发展，是中国经济逐渐从计划体制向市场体制转型过程中最为重要的成就之一。全国性证券市场的建立始于1990年上海证券交易所、深圳证券交易所的相继成立。在此后20余年的时间里，证券市场获得了蓬勃发展。交易所成立之初，上交所共有8只上市股票，25家会员；深交所共有6只上市股票，15家会员。而截至2012年末，上交所共有998只上市股票，111家会员；深交所共有1574只上市股票，118家会员；沪深两市股票总市值已突破20万亿。证券市场的繁荣已经成为推动我国经济持续快速发展的重要引擎。

与此相适应，证券市场的监管机制也随之逐步展开。1992年10月，国务院证券委员会和中国证券监督管理委员会宣告成立，标志着中国证券市场统一监管体制开始形成。上述机构在研究和拟定证券期货市场的方针政策、发展规划；起草证券期货市场的有关法律、法规；监督股票、可转换债券、证券投资基金的发行、交易、托管和清算；调查与处理证券期货交易的违法行为等方面都发挥了重要的作用。以2012年为例，中国证监会共发布了57项行政处罚决定，8项市场禁入决定以及1756项行政批复。监管法律法规的完善方面，例如1993年4月22日发布的《股票发行与交易管理暂行条例》、1993年8月15日颁布的《禁止证券欺诈行为暂行办法》、1997年颁行的刑法典以及1998年制定的证券法等都对证券交易的违法、犯罪行为以及惩治措施做出了规定。此后的数次刑法修正案以及2005年证券法的修订中又进一步做出了契合实务的相关规定。可以说，在证券市场的监管方面，在证券违法与犯罪行为的调查与处理方面，我国正在实现由一个“发展中国家”向“发达国家”的转变。

但是，目前的监管体制是否能够真正有效地遏止市场操纵行为？对于该问题，恐怕我们无法给出肯定的回答。证券市场建成20余年来，以操纵证券市场为代表的证券违法行为屡禁不止，甚嚣尘上。其原因自然是多方面的，但宏观来看，正如作者在书中所言，原因在于各部门、机构在预防与惩治该类犯罪所做工作方面的不力与缺失。而这种不力与缺失主要表现在如下三个方面：(1) 理念上并未真正重视对投资者的保护；(2) 立法规定上的模糊与法律法规之间的协处不力；(3) 金融监管措施的缺失。而为了解决上述问题，余磊博士潜心钻研，明确提出应当从如下四个角度解决问题：(1) 确立以保护投资者为重中之重的理念；(2) 树立起一种以严厉的刑罚惩治该类犯罪的姿态；(3) 构建一种以一般预防为主兼顾惩处效果的惩罚体制；(4) 完善金融机关监管措施。本书主要就是围绕上述主旨展开论述的，相信这些论述对于完善我国操纵证券市场罪的相关制度大有裨益。

本书的作者余磊是我指导的博士生。1996年他以优异的成绩考入武汉大学法学院，本科期间他表现极其突出，曾任校辩论队及法学院辩论队队长。2000年8月，他带领武汉大学辩论队荣获由中央电视台举办的全国大专辩论赛冠军。由于他品学兼优获得保研，硕士在读期间受到人福医药集团股份公司董事长艾路明博士的赏识和栽培，引入企业工作，历任人福医药集团股份公司董事会秘书、副总裁，现任天风证券股份有限公司董事长，长期活跃在证券市场一线。余磊博士虽从事企业管理多年，但始终保持着读书求学的热忱，硕士毕业当年便以优异成绩考取了刑法专业的博士研究生，持之以恒地对金融债券领域的犯罪问题进行深入研究，并在繁忙的工作之余刻苦学习，撰写学位论文。难能可贵的是，他结合自己长期从事金融证券方面的工作，理论联系实际地研究分析操纵证券市场罪与非罪的相关问题。关于这一点，读者可以从本书中关于麦道夫诈骗案、汪建中事件等以及操纵证券市场行为形态的分析中受到启迪。相信本书所展示的理论联系实际、实证研究的风格为相关领域的研究提供一种更为多元的研究思路。

余磊博士始终不忘回报母校的恩情。在他的倡议和支持下，2010 年 11 月 20 日，武汉大学金融证券犯罪研究所得以成立。研究所汇集了国内外数十位金融证券犯罪研究领域的权威学者，以推动中国金融证券犯罪研究为己任。截止到 2012 年底，研究所已主持召开了各种形式的研讨会十余次，资助出版了金融证券犯罪研究领域的专著两部，为金融证券犯罪的研究工作作出了一定的贡献。余磊博士在工作百忙之中，为法学院本科生、研究生开设了一门新课程：资本市场法律问题专题，受到普遍好评，学生们从他的讲授中获益匪浅。

借此作序之际，希望余磊博士能够一如既往地保持理论创新的热忱，百尺竿头更进一步，推出更多的著作以飨读者。

是为序。

莫洪宪

武昌　珞珈山

二〇一三年四月

目　录

引　言

2008 年 12 月 11 日，纳斯达克股票市场公司前董事会主席伯纳德·麦道夫（Bernard Madoff）因涉嫌证券欺诈遭警方逮捕，检察人员称其利用庞氏骗局给投资者造成了至少 500 亿美元的巨额损失。消息一出，举世皆惊，人们无法想象这位曾被誉为“金融市场的做市交易的先驱者”、“美国华尔街传奇人物”的名人竟是一位毫无职业操守的诈骗犯。2009 年 6 月 29 日，纽约南区联邦法院判处麦道夫 150 年监禁、1700 亿美元罚款。2008 年 10 月 23 日，中国证监会对北京首放投资顾问有限公司的执行董事汪建中开出了没收 1.25 亿元违法所得，并处 1.25 亿元罚款的巨额罚单，而汪建中除为该公司的执行董事、经理外，还曾任中央电视台二套《中国证券》栏目的特约嘉宾，被安徽电视台选为“资本市场的安徽七大名人”之一，因其曾成功地预测了众多市场热点与重大行情变动而被誉为“股票名嘴”。而北京首放投资顾问有限公司发布的名为“掘金报告”的咨询报告也同时被东方财富网、新浪网、搜狐网、全景网、《上海证券报》、《证券时报》等多家权威的证券交易媒体所发布或刊载。无论汪建中本人还是首放公司都在业内拥有广泛与深远的影响力。

由此可见，无论在证券法制发达的美国还是证券市场初创的中国，金融犯罪所能攫取的巨额利润对于金融机构的从业人员来说都是难以抵挡的诱惑，即使是知名如麦道夫、汪建中者亦不例外。但这仅仅是由于经济人无节制地追求私利的欲望所致吗？职业道德操守为何会缺失至如此境地？金融犯罪的预防与杜绝机制为何总是难以发挥应有的功效？金融市场何时以及如何才能进入禁绝违法与犯罪，完全实现公平、公开、公正交易的黄金时期？对于上述问题的回答是一个涉及相关立法的完善、刑事司法的改进、金融市场的建设以及金融监管体制的变革等多方面的庞杂的系统工程。即使是洋洋洒洒百万言也未必能解个清楚、说个明白。而本书则将从其中的一个层面——以刑法的视角观察操纵证券市场罪——出发，做出简略的解答。

之所以选择操纵证券市场罪进行分析，是因为自有证券犯罪以来，该罪便是最早出现的犯罪形态，并且在长达数百年的证券犯罪发展史中，该罪一直被“誉为”最为恶劣的证券犯罪，一直是各国监管部门打击的重点。但遗憾的是，虽然监管部门不断加大打击力度，该类犯罪还是层出不穷，并且涉案金额的纪录也总是被反复地刷新。在这一问题上，建立尚不足二十年的中国证券市场亦不例外，远如“李石操纵郑百文案”、“申银万国操纵陆家嘴案”、“华天集团操纵华天酒店案”、“亿安科技案”、“东方电子案”、“农凯集团案”，近如“汪建中案”、“武汉新兰德案”，操纵证券市场行为可谓此起彼伏。不仅如此，迄今为止发案频率最高、涉案金额最大的纪录都被操纵证券市场罪所保持。特别是自 2007 年下半年以来，虽然大盘经狂跌后至今仍未能恢复元气，广大散户也仍在为早日解套而苦苦等待，但中国证券市场建立以来涉案金额最大的北京首放操纵证券市场案却被揭发，而其他动用巨额资金以操纵市场的案件也被频繁披露。不得不让我们对立法规定、司法部门以及金融监管机构在预防与惩治该类犯罪所做工作方面的不力与缺失抱有深深的怀疑。

在本书看来，上述不力与缺失体现在如下几个方面：

1. 理念上并未真正重视对投资者的保护。虽然中国证监会的网站主页上高挂着“保护投资者利益是我们工作的重中之重”的宣言，虽然《证券法》第 1 条、《股票发行与交易管理暂行条例》第 1 条以及《禁止证券欺诈行为暂行办法》第 1 条的“立法目的”

中都明确指出“为了……保护投资者的合法权益”，但问题在于，这种以保护投资者为首要任务的理念并未贯彻到规制证券犯罪的实际工作之中，无论在业界还是研究界，谈及本罪的保护法益时，总是不知不觉地将证券市场的秩序放在首位。

诚然，证券市场的良好秩序也甚为重要，与投资者的权益存在密切关联，并且，在证券市场上处于初创阶段的中国，强调维护良好的运营秩序的做法也并无不妥，但是，归根结底来看，证券市场的秩序还是为保护投资者的权益而存在的，如果没有投资者的投资，则证券市场将不复存在，如此又何谈秩序的维护。而中国在监管证券犯罪之时只是对该问题欠缺清晰认识，因此，无论在大盘飙升、个股狂涨之时，还是在大盘骤跌、一片惨淡之时，总是可以狂敛巨资的都是握有资源优势的非法操纵者，而普通投资者则总是处于被鱼肉的境地。不仅如此，即使是在违法犯罪行为被查处后，监管部门最热衷的还是对违法犯罪行为的处罚，尤其是没收违法所得、罚款以及罚金等涉及经济利益的制裁措施，而作为违法所得的原始供给者与真正受害人的普通投资者则很难索取回被诈取的利益。在该问题上最鲜明的表现便是投资者对操纵证券市场行为的民事损害赔偿制度的运用难。虽然《证券法》第 232 条规定“违反本法规定，应当承担民事赔偿责任和缴纳罚款、罚金，其财产不足以同时支付时，先承担民事赔偿责任”，但对于民事损害赔偿责任的具体追究方法，如诉讼时效的设置、举证责任的简化等则完全欠缺规定。投资者即使希望追回损失，也不得不面对无法可依的尴尬境地。既然投资者连自己被侵夺的利益都难以索回，那么所谓“保护投资者利益是我们工作的重中之重”的说法也不过是镜中花、水中月而已。

2. 立法规定上的模糊与法律法规之间的协处不力。对于本罪，《刑法》第 182 条与《证券法》第 77 条的规定并无二致，实属难能可贵，但并非不存在问题。因为《刑法》第 182 条采用的是叙明罪状的规定方式，即对本罪的构成特征、要件进行了详细的描述，立法原意是为了方便司法适用，但这却并非合理的规定方式。关于经济犯罪，引证罪状的规定方式更为合理、方便，即应采用“违反……规定”等的方式。原因在于：（1）立法贵在简要，有关经济行政法律法规命令的规定往往内容较多，不便对其特征做出具体表述。如果将行政法律法规命令中禁止行为的构成在刑法法规中加以同样的规定，将使得刑法规范庞杂臃肿。（2）引证罪状所包含的其他法律法规命令对社会发展变化的反应较快，立、改、废等立法活动较频繁。采用引证罪状，可以使对于构成要件的理解随着行政管理政策的调整而变化，而又不至于因为行政管理法律法规的立、改、废导致刑法的朝令夕改，削弱刑法的权威性和安定性，从而可以使刑法在保持相对稳定的基础上适应飞快发展的社会的需要。①

此外，该法条对操纵行为的列举也并不周全，如依据两法条的规定，操纵行为包括如下几种：联合买卖、连续买卖、相对委托、自买自卖、其他方法，但参照外国法的规定，操纵行为至少应包含如下十余种：联合买卖、连续买卖、空卖空卖、通谋买卖、自买自卖、散布虚假或误导性信息以操纵证券市场、提供虚假或误导性信息以操纵证券市场、安定操纵、违约交割、利用职权操纵市场。

由此可见，无论是《刑法》第182条还是《证券法》第77条对于本罪的行为方式的规定都过于简单，如操纵证券市场中常见的安定操纵与违约交割两种方式都欠缺明文规定，这在实际适用时必然会诱发脱法现象的出现。虽然2008年的《关于经济犯罪案件追诉标准的补充规定》（以下简称《补充规定》）第4条对违约交割的构成要件做出了规定，但如果考虑到该《补充规定》只是司法解释，并且是关于“经济案件的追诉标准”而非犯罪构成要件的规定的话，其适用效力是无法与《刑法》第182条等量齐观的。

---

① 参见廖北海：《论操纵证券、期货市场罪立法形式的完善——以本罪的修正为切入点》，载《求索》2009年第4期。

此外，在“情节严重”的判断标准方面，2001年的《关于经济犯罪案件追诉标准的规定》第32条仅规定操纵证券市场“致使交易价格和交易量异常变动的”，而未详解异常波动的衡量标准，而2008年的《补充规定》第4条则莫名其妙地将利用信息优势操纵证券市场的主体限定为“上市公司及其董事、监事、高级管理人员、实际控制人、控股股东或者其他关联人”。

此外，《刑法》、《证券法》、《禁止证券欺诈作为暂行办法》(以下简称为《暂行办法》)、《股票发行与交易管理暂行条例》(以下简称为《暂行条例》)、《补充规定》之间在操纵证券市场行为的构成、认定、处罚等方面尚存在诸多需要协调之处。上述种种问题都亟须解释与解决。

3. 金融监管措施的缺失。对于操纵证券市场等证券犯罪来说，问题的关键不在于事发后的惩处而在于事前的预防，在于整合预防机制与惩处措施以构建完善的金融监管机制用来杜绝该类犯罪行为的发生。在预防机制方面，则涉及金融机构及其从业人员的自律机制的建设，信息流通机制金融机构及其从业人员的信用保障机制的建设，可疑交易报告制度、内部人员交易报告制度、内部人员交易约束制度、信息披露规则等的完善，监管机关处置水平的提高，政府主导下的金融预警机制的完备化，以及提高跨国性的预防证券犯罪与预防跨国性证券犯罪的能力等问题。而在惩处机制方面，除上述关于本罪的构成要件的立法内容的修订外，刑法针对操纵证券市场罪的刑罚设置的适度提高，行政处罚如警告、行政罚款、没收违法所得、市场禁入、停止发行资格、限制或暂停经营业务、撤销业务许可等措施的修订与完善也是亟须展开的工作。

总而言之，在笔者看来，证券犯罪重在预防而非惩治，而在预防操纵证券市场罪方面，最重要的便是确立以保护投资者为重中之重的理念，而为贯彻这种理念，则首先需要从立法的角度对本罪的犯罪构成，尤其是关于操纵行为的具体方式进行科学的总结，其次，则要树立起一种以严厉的刑罚惩治该类犯罪的姿态，当然，此时刑罚的主要功效仍在于（一般）预防而非惩处，再次，则应跳出刑罚的框架并从监管部门的制裁机制、民事责任的追究措施以及刑罚处罚等多重角度出发构建一种以一般预防为主兼顾惩处效果的惩罚体制，最后，但却是真正能起决定作用的则是金融机关监管措施的完善，其中自然包括从业人员职业道德素养的提高、自律机制的完善、预防与管控可疑交易的技术性系统的改进、打击跨国操纵市场与操纵跨国市场行为的国际协作体制的建立等。唯有如此，才能真正地杜绝操纵证券市场等证券犯罪行为，并推动中国金融市场走向成熟与完善。

第一章

操纵证券市场罪概述

第一节　作为本罪对象的证券概述

一、证券的范围

证券一词的使用已有数百年的历史，但其最初的形态与现在的股票、债券等有所不同，一般认为，早在中世纪的后期，意大利境内的诸多城市为筹集军费便已经开始发放公债，这种军事公债在约定期间还本付息方面已经具有了现代债券的基本特征，可谓最早的政府债券。因其具有较好的吸聚资金能力，此后不久，众多商业组织也开始通过类似的方式筹集资金，私人债券也逐渐获得了政府的许可，并衍生出了远多于公债的各种形态，股份、股票、债券等概念也日渐大众化。尤其是进入 19 世纪后，随着政府开支的不断增加与工商业的迅速发展，债券、股票开始成为资本主义国家筹措资本的主要形式。① 可以看出，在证券的发展史上，政府证券（公共证券）是先于公司证券（私人证券）而出现的，但在发展过程中，尤其是金融市场逐步走向成熟以来，公司证券，尤其是股票已逐步在证券交易市场上占据了最核心的位置。

---

① 《证券词典》，复旦大学出版社 1993 年版，第 1 页。

证券一词是个涵摄范围极广的概念，所有为设定或证明权利而制作的凭证都可归入其中。一般认为，证券有广义上的证券与狭义上的证券之分，广义上的证券是指所有“以证明或设定权利为目的所做成的凭证”,[①] 可以分为有价证券与无价证券两种，无价证券是指本身没有交换价值，但却具有使用价值的证券，其种类虽然较少，但在我国的计划经济体制时代曾长期存在，如粮票、布票、油票等。有价证券则是指同时具有交换价值与使用价值的证券，可以分为实物证券与价值证券，价值证券又可以分为货币证券与资本证券，货币证券包括汇票、本票、支票等，而资本证券则是指股票与债券。

狭义上的证券便是指能够在资本市场上自由流通的证券，即资本证券。一般认为，所谓资本证券，是指资金需求者为了筹措长期资金而向社会公众发行由社会公众购买且能对一定的收入拥有请求权的投资凭证,[②] 又分为以股权为内容的证券和以债权为内容的证券，即股票和债券。股票是股份公司收到投资者交付的股金份额后交付给投资者的股权凭证，其本身没有价值，是股份公司为筹集资金而发行的一定数量和一定份额的证书，其具有营利性、风险性、不返还性和流动性的特征。而债券是社会各类经济主体（政府、企业等）为筹集资金而以一定的发行条件如偿还期限、付息办法、担保等和一定的面额向公众出售的一种有价证券，承诺到一定的时期支付固定的利息和偿还本金。[③]

一般来说，资本证券具有下列特性：

(1) 收益性，资本证券表明一定的所有权和债权。证券持有人不仅可以拥有相应的各种权能，而且可以取得既定的或不定的各

---

① 余光远主编:《经济大辞书》，上海辞书出版社 1992 年版，第 1192 页。

② 范建主编:《商法》（第 2 版），高等教育出版社、北京大学出版社 2002 年版，第 375 页。

③ 刘宪权:《证券期货犯罪理论与实务》，商务印书馆 2005 年版，第 2 页。

种增值收益，如债券持有人拥有到期获取本金和利息的权利以及公司破产时剩余财产的优先求偿权。股票持有人作为股东，拥有取得红利股息权、参加股东大会、选举公司董事等重大问题的表决权、剩余财产的分配权等，而且股东还可以取得该证券低买高卖时的差价，证券在市场上越抢手，该差价收益越丰厚。

（2）风险性，是指预期收益不能实现，甚至本金也难以收回的可能性。由于资本证券的增值收益的多少取决于发行者的经营业绩和该资本证券在市场上的供需情况。而这些因素是不确定的，这就决定了证券投资必然具有风险性。一方面，各种证券因本身性质的不同以及发行者品质高低的不同而风险大小不一，如股票的风险性远远大于债券的风险性等；而另一方面，资本证券的风险性与收益存在一定的对称性，即风险越大，收益越高，风险越小，收益越低。投资者投资资本证券后，可能因行市跌落而亏损，也可能因发行者经营不善而难以得到预期收益，甚至因公司破产而血本无归，甚至负债累累，倾家荡产。

（3）流通性，各国为了充分实现资本证券的功能，满足不同投资者的需要，均设立了各种不同的证券市场，以利于证券的流通、变现。证券持有者可以及时地将证券予以转让，取得本金和收益。资本证券的流通性非常重要，如果缺乏流通性，其投资价值将大大降低。

（4）虚拟性，资本证券表明资本的所有权和使用权是相分离的，投资者所拥有的只是账面上的、非现实性的资本的所有权，故资本证券也称为虚拟资本证券，具有虚拟性。虚拟资本证券因其虚拟性和流通性而在价格总量上一般大于实际资本证券，其价格也得以脱离实际价值而波动，表现为独立于实际资本运动之外的价格运动。资本证券的虚拟性是其风险性的前提条件。①

① 余磊：《操纵证券交易价格罪研究》，武汉大学法学院硕士论文（2004）。

二、本罪中证券的范围——中国法关于操纵期权犯罪规定的缺失

（一）外国法关于本罪中证券范围的规定分析

操纵证券市场罪中的“证券”应具备“被操纵性”要素，而只有在资本市场上能够自由流通的证券才具备被操纵的可能性，因此，本罪中的“证券”仅是指上述狭义证券，即股票与债券两类。但由于资本市场日渐成熟，交易品种也日益多元化，看似简单的股票与债券也发展出来了诸多形态，如以证券交易最为成熟的欧美市场为例，美国1933年《证券法》第2条a款列举的“证券”范围如下：任何票据、股票、回购股票、证券期货、债券、公债、公司信用债券、债务凭证、息票，或参与分红协定的证书、以证券作抵押的信用证书、组建前证书或认购书、可转让股份、投资合同、股权信托证书、证券存款单、石油和煤气或者其他矿产小额利息滚存权、任何股票的出售权、购买权、买卖选择权或优先购买权、存款证明、一类证券或证券指数（包括其中的任何利益或者以其价值为基础的）或者在全国证券交易所中与外汇有关的任何股票的出售权、购买权、买卖选择权或优先购买权；还包括一般来说被普遍认为是“证券”的任何权益和凭证，或者上述任何一种的息票或参与分红证书、暂时或临时证书、收据、担保证书、认股证书、认购权、购买权。[①] 而欧盟1989年《反内幕交易指令》第1（2）（a）条则规定：证券包括股票、债务证券及其与股票、债务证券等值的其他有价证券。第1（2）（b）条又将其范围进行拓宽，将与有价证券有关的合同、权利也纳入其中，同时，第1（2）（b）条与第1（2）（c）条对上述“合同、权利”的范围进行了解释：指与第1（2）（a）条所述的证券相关的期货合同、期权、金融期货、指数合同。与之相对应，德国证券法中的“有价证券”是指

① Sec. 2 of Securities Act of 1933.

可以在市场上进行交易的股票、代表股票的证书、债券、红利股票、期权证书以及其他相当于股票和债券的有价证券。[①]

总之，证券市场完善的国家、地区将本罪的对象分为如下三类：股票、债券以及两者的衍生品种，如期权。虽然并未超出资本证券的范畴，但其交易形态却甚为复杂。以之反观中国法，则似乎略有不足。

（二）中国法关于本罪中证券范围规定的不足

我国《刑法》第182条将本罪对象的范围概括为“股票或公司、企业债券”，与之不同的是，我国《证券法》第2条规定的证券包括“股票、公司债券、国务院依法认定的其他证券、政府债券、证券投资基金份额、证券衍生品种”，两法的规定并不一致，证券法的范围远广于刑法，如刑法仅规定了股票或公司、企业债券，而证券法不仅规定了这两类，还包括债券中的另一部分——政府债券，以及证券衍生品种。换言之，证券法中的“证券”范围与欧美法的三分法大致相同，而刑法中的“证券”仅是其中的“1.5”种。由此产生的问题是：本罪的对象究竟包含哪些种类？按照法理，既然刑法仅规定了“股票或公司、企业债券”，那么便意味着立法者仅打算将这“1.5”类证券作为本罪对象，而对于操纵其他证券的行为则不作为犯罪处理。就目前来看，该做法并无不妥之处，因为目前可以在证券市场上自由流通的仅限于“股票或公司、企业债券”，但问题在于随着中国证券市场的日渐成熟，公债以及证券衍生品种的交易早已被提上了日程，可以想象的是，如果公债以及证券衍生品种的市场交易得以确认，而刑法又未能预先做出对策，那么仅凭借证券法以及行政法规根本不足以制止操纵行为的泛滥，因为证券法关于证券犯罪的罚则仅简单地规定为“违反本法规定，构成犯罪的，依法追究刑事责任”，而行政法规则不可能涉及刑罚的设置问题，以至于为追究刑事责任仍必须返还到

---

① 卞耀武主编：《德国证券交易法律》，法律出版社1999年版，第2页。

《刑法》第182条上来，而在第182条欠缺关于操纵公债以及证券衍生品种的犯罪规定时，必然会造成大量钻法律漏洞的犯罪行为的出现。

对此，笔者谨提出如下修改意见：《刑法》第182条无须详细地列举证券的种类，而仅需在第2款中概括地规定“证券的范围，根据法律、行政法规的规定确定”，至于具体种类，则首先由《证券法》进一步细化，将股票、债券（无论国家、政府债券等公债还是公司、企业债券等私债）、衍生品种三类作概括规定，随后则根据证券交易品种的发展变化，由国务院及时地出台相关法规以为弥补。

第二节　操纵证券市场罪的立法规定分析

一、外国法关于本罪的立法规定评析

（一）美国法关于本罪的立法规定评析

对操纵证券市场等犯罪行为的立法规制源于美国证券法，而美国证券法的出台则可归因于1929年的经济大萧条，为了防止再次出现由于欺诈行为滋生而引发的股市狂跌现象，美国自20世纪30年代起连续出台了几部重要的证券法，如1933年的《证券法》，1934年的《证券交易法》，其中《证券交易法》对操纵市场行为的犯罪构成与责任追究机制等进行了详细的规定。该法关于操纵市场行为的规定主要是第9条（a）项、第10条（b）项以及第15条（c）项，尤其是第9条（a）项，由于其对操纵市场行为的高度总结性与近乎完美的涵盖性，从而对其他国家、地区的反操纵市场立法产生了深远的影响，可以说欧盟的《反市场滥用指令》、日本的《金融商品交易法》、我国台湾地区的“证券交易法”以及我国的《证券法》都是以该条项为参照而制定的。第9条（a）项、第10条（b）项以及第15条（c）项的具体内容如下所示：

第 9 条禁止操纵证券价格：（a）证券买卖交易。直接或间接利用邮递，任何州际商业手段或工具或者直接或间接利用国内证券交易所任何设施的任何人，或国内证券交易所的任何会员，从事如下行为的，均属违法。而所列举的 5 种操纵方式可以分别概括为：（1）制造交易假象或误导性表象；（2）单独或与他人进行系列买卖；（3）散布或者传播虚假信息；（4）交易时进行虚假或误导性陈述，并且知道或者有合理的理由相信该陈述虚假或具有误导性；（5）为限定、固定或者稳定证券价格而单独或者与他人一起进行系列买卖。①

第 10 条操纵和欺诈手段：

任何直接或间接利用任何州际商业手段或工具，利用邮递或利用全国性证券交易所任何设施从事以下行为的，均属违法：……

（b）在买卖全国性证券交易所注册的任何证券，未如此注册的任何证券或任何基于证券的互换协议的过程中，违反证券交易委员会为维护公共利益或保护投资者而制定的必要或适当规制和条例，适用或利用任何操纵或欺诈手段或计谋的。

第 15 条（c）使用操纵或欺骗手段；违反规则和条例：经纪商、交易商、市政证券交易商、政府证券经纪商、政府证券交易商不得通过任何操纵、欺骗或者其他欺诈手段或者方式，利用邮政或者利用任何州际商业手段和工具进行任何证券或基于证券的互换协议的交易，不得诱使或者试图诱使该等证券的购买或出售，也不得利用邮政或者任何州际商业手段和工具进行任何证券的任何交易，或者诱使或试图诱使该等证券的购买或出售，不得从事任何欺诈、欺骗或者操纵行为或做法，也不得进行任何虚假报价。②

通过对比条文内容可以看出，第 9 条（a）项与第 10 条（b）

---

① 参见张路译：《美国 1934 年证券交易法》，法律出版社 2006 年版，第 151 ~ 155 页。

② 该条项内容甚为烦琐，故仅简单总结如上所述。

项是对操纵市场行为的总体概括，其中第 9 条（a）项的不足之处在于其仅针对注册证券，而第 15 条（c）项主要是对本罪主体以及本罪行为方式的概括。需要指出的是：在司法实践中运用最为广泛的是证券交易委员会（简称为 SEC）依据第 10 条（b）项制定的 SEC 规则 10（b）5，该规则是对“任何与证券购买或销售有关的”欺诈行为的总括禁止，不仅限制操纵市场行为，而且还是规制内幕交易行为时的首选条款，该规则内容如下：

任何人直接或间接利用任何方式或者州际通商手段，或者邮政，或者全国性证券交易所的任何设施从事下列行为，均为非法。

（1）使用任何手段、计划或策略实施欺诈；

（2）对实质性事实进行错误陈述，或遗漏陈述根据行为时的情况属于可避免产生误解的实质性事实；

（3）从事与证券买卖有关的，导致或可能导致欺诈或欺骗任何人的任何行为、做法或商业活动。

英国规制操纵证券市场行为的法律有 1998 年英国金融管理服务局（简称为 FSA）颁布的《市场滥用：市场行为守则》以及 2000 年制定的《金融服务与市场交易法》，如上所述，英国法并未使用操纵市场一词，而是将其作为市场滥用的三种行为方式之一，明确规定该问题的是 1998 年的《市场行为守则》的第二部分。而 2000 年的《金融服务与市场法》第 118 条则将市场滥用行为定义为“由一人单独或者多人串通或合谋进行的扰乱市场秩序的行为”，具体条件如下：（1）发生于特定市场中适格的投资交易行为；（2）行为是基于不为市场所共知的信息而做出，该信息的知悉与否足以影响正常投资者的投资决策；（3）该行为可能使正常投资者产生关于投资品种供给状况、价格或价值的错误与误导；（4）正常投资者认为或可能认为该行为使扰乱市场秩序的行为；（5）行为可能对市场上正常投资者的投资决策造成不利影响。其中的条件（2）、（3）、（4）具备一项即可。而所谓“正常投资者”

是指在特定市场上有规律地参与相关投资交易的理性正常投资者。①

(二) 欧盟法关于本罪的立法规定评析

欧盟2003年的《反市场滥用指令》中将市场滥用行为分为内幕交易与操纵市场两类，第5条规定："成员国应禁止任何个人或法人从事市场操纵。"其第1条则对操纵市场定义如下："(a) 对金融工具的供给、需求和价格产生或可能产生错误或误导性信息，或一人或多人合谋将一种或几种金融工具的价格维持在不正当或人为的水平上，或使用欺骗性工具或其他任何形式的诡计或方法的交易或交易订单；(b) 通过互联网或其他任何方式的媒体传播向金融工具供给、需求或价格产生或可能产生的错误的或误导性信号的信息，包括传播谣言或错误的或误导性的新闻。"②

(三) 日本法关于本罪的立法规定评析

日本《金融商品交易法》第159条则规定：任何人不得以使他人就金融商品交易所上市的有价证券、有价证券指数或期权，产生该有价证券的买卖交易情况良好的误解，或使他人对该有价证券的买卖交易产生误解为目的，实施操纵行为。至于操纵行为的具体形态，一般认为至少包括如下几类：(1) 假装买卖；(2) 串通买卖；(3) 变动操作；(4) 安定操作；(5) 店头买卖有价证券的操作。此外，该法第158条还规定了以操纵证券市场为目的的散布流言罪，因此，研究界一般也将以操纵证券市场为目的的散布流言行为作为操纵证券市场罪的补充，其具体实施方式则包括：(1) 散布流言；(2) 实施虚假记载；(3) 实施暴行或胁迫。③

---

① 王林清：《证券法理论与司法适用》，法律出版社2008年版，第308页。

② 王林清：《证券法理论与司法适用》，法律出版社2008年版，第308页。

③ ［日］神山敏雄：《日本的证券犯罪》，日本评论社1999年版，第7~11页。

二、中国法关于本罪的立法规定评析

（一）刑法、证券法律法规关于操纵证券市场行为的规定概述

1990年上海证券交易所设立，翌年深圳证券交易所也开始运营，两大证券交易所的设立直接推动了中国大陆证券法的制定进程。最早出台的证券法规是中国人民银行于1990年10月颁布的《证券公司管理暂行办法》，同年11月27日，上海市政府颁布了《上海市证券交易管理办法》，翌年6月15日，深圳市政府出台了《深圳市股票发行与交易管理暂行办法》。1993年国务院颁布了《股票发行与交易管理暂行条例》，同年中国证监会也颁布了《禁止证券欺诈行为暂行办法》。

在上述法规陆续出台的基础上，规制操纵市场行为的立法工作也在如火如荼地进行，1997年《刑法》第182条便是对操纵市场罪的明文规定，制定之初时使用了“操纵证券交易价格，获取不正当利益或者转嫁风险”的表述，并详细列举了本罪常见的五种行为方式：联合买卖、连续买卖、传统买卖、自买自卖、其他方式，在刑事责任方面的规定为：5年以下有期徒刑或拘役，并处或单处违法所得1倍以上5倍以下罚金，此外，本条也规定了对法人犯本罪的处罚问题。1999年的刑法修正案曾对本条进行了修订，但只是增加了针对操纵期货交易价格的处罚问题，在本罪的犯罪构成以及刑事责任的追究方面则没有变化。

在经过几年的适用后，研究界与实务界对于《刑法》第182条关于本罪的构成要件以及刑事责任的规定方面存在的问题提出了若干意见，如将本罪称为操纵证券市场罪似乎略显偏颇，再如明文规定“获取不正当利益或者转嫁风险”而导致了控方举证难度的加大，以及与外国法相比，对本罪的刑事处罚似乎过于宽和，等等。尤其2005年《证券法》也根据证券犯罪的实际状况进行了修订，受此影响，2006年《刑法修正案（六）》对本条做出了重大改动，主要表现为如下几点：

1. 对本罪的行为方式进行了修改，如：（1）删除“获取不正当利益或者转嫁风险”的条文，并将“操纵证券交易价格”修改为“操纵证券市场”；（2）在第一项的联合买卖与连续买卖中增加了“证券交易量”；（3）在第二项的相互买卖中删除了“或者相互买卖并不持有的证券”；（4）将第三项的自买自卖中的“以自己为交易对象，进行不转移证券所有权的自买自卖”修改为“在自己实际控制的账户之间进行证券交易”；（5）将第四项其他行为中的“操纵证券交易价格”修改为“操纵证券市场”。

2. 对刑事责任的修订，如：（1）将有期徒刑的最高刑期由“五年”提升为“十年”；（2）在罚金方面，将“并处或者单处违法所得一倍以上五倍以下罚金”修改为“并处或者单处罚金”，即将所处罚金的具体数额的决定权限完全交由法院决定。

（二）刑法关于本罪构成的修订评析

上述修订中，最重要的是如下四项：

1. 删除了曾作为构成犯罪的前提的“获取不正当利益或者转嫁风险”，这意味着刑法已不再将“获取不正当利益或者转嫁风险”作为本罪的必备要素看待。同样的问题也出现于证券法的修订之中，如1998年《证券法》出台之时，第71条规定的是“禁止任何人以下列手段获取不正当利益或者转嫁风险”，而2005年修订后，该法第77条删除了“获取不正当利益或者转嫁风险”的词句，仅简单地规定为：“禁止任何人以下列手段操纵证券市场”，这意味着证券法的立法者们也不再将“获取不正当利益或者转嫁风险”作为构成操纵市场违法行为的要件。原因自然应从证券交易的实践出发，如果以“获取不正当利益或者转嫁风险”作为构成本罪的要件，那么在认定操纵行为构成犯罪时，首先便须证明行为人利用操纵市场获取了不正当利益或者转嫁了风险，而由控方承担对该问题的证明责任时显然存在如下几点困难：（1）在利用他人账户实施操纵的情形下，很难证明行为人“获取了”不正当利益或者“转嫁”了风险；（2）如果行为人仍持有股票，而股价又在操纵的一定时间内出现过涨跌，那么就不容易查清行为人实际获取的利益或转嫁的风险的数额，或者无法判定究竟应以何时的股价作为认定获取利益或转嫁风险的总额的标准；（3）一般情况下，发行新股或重组上市都会刺激股价上涨，如果行为人利用类似机会浑水摸鱼操纵市场，则很难区分股价的正当涨幅与违法操纵，因而无法断定其获取的“不正当”的利益或“不正当”地转嫁的风险的数额。

2. 将“操纵证券交易价格”统一修订为“操纵证券市场”，原因在于：（1）就证券交易的实际状况来看，操纵行为并非仅限于对交易价格的控制，而应包含操纵交易量的情形，因此，简单地称之为“操纵交易价格”不免过于偏颇。（2）在实际的操纵证券市场案件中，操纵行为都是利用大量的买卖行为实施的，是对交易量的实际控制，是通过对交易量的影响进而影响交易价格，换言之，操纵交易量是手段，而目的则在于操纵交易价格，因此，单纯地称之为“操纵交易价格”有仅着眼于行为目的之嫌，是对交易现状的无视。（3）外国证券法中关于本罪的表述多使用“操纵市场”一词，如美国法称之为“操纵市场（Mapinulating market）”。英国法将其统称为“市场滥用（Market abuse）”，并规定该行为包含三种类型：拟制交易（Artificial transaction）、价格操纵（price Mapinulation）、不适当传播信息，① 表明操纵价格只是该犯罪行为之一种。而欧盟法也使用“市场滥用”一词，日本法中也称其为“市场操纵（相場操縦）”，因此，使用“操纵市场”一词也是与国际接轨，构建全球化金融市场体系的需要。

3. 删除了“相互买卖并不持有的证券”的规定，原因在于：（1）在证券交易系统中，如果行为人意图出卖自己并不持有的证券，那么当其发出交易指令后，交易系统会自动识别并拒绝该指令，交易不可能完成，故而没有必要规定该行为方式。（2）修订

① 参见王林清：《证券法理论与司法适用》，法律出版社2008年版，第308页。

后的证券法已经认可了一定条件下的融资融券交易，所以不应无原则地禁止一切买空卖空行为。

4. 删除“以自己为交易对象”的规定，原因在于我国的证券交易系统使用的是实名制交易，投资者必须以自己的身份信息开具交易账户，并且不允许出现一人开具多个账户的情形，因此，在交易实践中不可能出现“以自己为交易对象”的自买自卖方式，行为人如欲进行非法操作，则至少需要在自己实际控制的两个账户间进行，即只可能出现形式上是“自己与他人交易”但实际上是自买自卖的交易。

第二章

操纵证券市场罪客体论

第一节 本罪客体概述

关于本罪的客体，研究界并未达成一致的意见，较常见的学说包括简单客体说、双重客体说与多重客体说，下文中将对这几种学说进行分析，在此基础上指出操纵证券市场行为的危害性并提出笔者的观点。

一、学说争论及评析

（一）单一客体说

本学说认为，操纵证券市场侵害的是简单客体，但对于简单客体的理解又有所不同，如有观点认为本罪侵害的是证券市场的正常管理秩序，[①] 另有观点认为本罪侵害的是证券市场的竞争机制，[②] 还有观点认为本罪侵害的是证券市场的正常交易秩序。虽然表述方式各有不同，但持简单客体说的观点都认为本罪仅对证券市场造成了破坏，只是对破坏的着眼点各有不同。简单来看，证券市场的秩序中包含有证券发行机制、信息披露机制、竞争机制、价格决定机

① 参见肖扬主编：《中国刑法学》，中国人民公安大学出版社 1997 年版，第 406 页。

② 参见白建军：《证券欺诈与对策》，中国法制出版社 1996 年版，第 209 页。

制、交易规制机制、业界自律机制等不同的组成要素，以此来分析，上述第一种观点提到的“正常的管理秩序”的说法似乎过于模糊，而第二种观点仅强调了竞争机制而忽略了证券市场中的其他秩序，显得过于狭隘，只有第三种观点的表述才是妥当的。但单一客体说的不足之处在于仅强调了操纵证券市场罪对证券市场秩序的危害，而并未涉及普通投资者的权益或国家的监管体制等方面。

（二）双重客体说

本学说认为，操纵证券市场罪侵害的是双重客体，但在双重客体的表述上也所有不同，主要可以分为如下几类：

1. 国家监管活动与投资者权益（利益）说，如有观点认为本罪侵害的是国家对证券市场的正常管理活动和投资者的合法利益。①

2. 证券市场秩序与投资者权益（利益）说，但在这两种客体的主次表述上则存在很大的差别。例如，有观点认为本罪的客体是证券市场管理秩序和投资者的合法权益，② 与之相类似的观点认为本罪首先侵害了其他投资者的财产，然后侵害了自由市场机能，即“一个能够配合投资人的合理投资判断，由市场经济的供给与需求所形成的‘自由市场’”。③ 与之相对，有观点则认为本罪首先侵害的是证券市场的正常运营秩序，此外也侵害了相关投资者的合法利益，即证券交易市场的正常秩序，包括证券发行、交易及其相关活动的管理秩序、运作秩序是本罪的主要客体，而投资者的合法利益是本罪的次要客体。④

---

① 参见王作富主编：《刑法分则实务研究》（第三版），中国方正出版社 2007 年版，第 548 页。

② 曲新久：《金融与金融犯罪》，中信出版社 2003 年版，第 196 页。

③ 陈建旭：《关于操纵证券市场罪的比较研究——以日本与中国台湾地区为比较对象》，载《北方论丛》2006 年第 3 期，第 150 页。

④ 参见施春军：《析操纵证券、期货交易价格罪在实践中的运用》，载《苏州市职业大学学报》第 17 卷第 1 期。

3. 国家监管活动与证券市场秩序说，如有观点认为本罪侵害的是国家的金融管理制度和证券市场秩序。[①] 由此可见，主张双重客体说的学者大多认为投资者的权益（利益）是本罪的客体之一，不同之处在于对本罪另一客体的理解有异，具体来说是市场秩序与国家管理活动的对立。但问题在于操纵证券市场行为侵害的并不仅仅是投资者的利益，还包括其在证券交易过程中本应享有的权利，如平等享受信息的平等知情权，依据相关信息进行投资判断的判断权，进行公开、公平、公正交易的交易权，凭借交易以获得利润的获利权，所以，仅限于利益的观点显得过于偏颇。此外，既然证券市场的正常秩序以及国家对证券交易的监管活动都会受到本罪的侵害，那么，自然应将两者都列为本罪的客体了。

（三）多重客体说

本学说认为本罪侵害的是多重客体，但在客体的表述上则甚为纷杂，具体包括投资者的权利、投资者的利益、证券市场的交易操纵机制、证券市场的正常运营秩序、证券市场的竞争机制、国家正常的金融管理制度等。虽着眼点各有不同，但实际上以三种客体说居多，即将本罪的客体从微观的投资者权利、中观的市场秩序以及宏观的国家管理机制三个角度进行分析，堪称较为全面的观点。

（四）操纵证券市场行为的危害所在

如欲厘清本罪的客体，首先须分析操纵市场行为的危害性究竟体现在哪几个方面，笔者认为，本行为的危害主要表现为：

1. 侵害投资者的合法权益，操纵者利用持股等优势操纵股价上涨时，不知情的一般投资者会因股价一路走高而跟进加仓，但一般投资者并不了解股价虚高的背景，在交易繁盛的表象下是远超过普通交易的高风险，一旦操纵者达成既定目标并抛售股票，数量极大的交易必然导致股价的迅速下滑，而中小投资者根本无力承担该

---

① 参见张军主编：《破坏金融管理秩序罪》，中国人民公安大学出版社 2003 年版，第 320 页。

风险。在股市中，普通投资者的投资目的在于利用其优于银行利息，高于通货膨胀率的收益率保证所持货币的保值，一个理性、谨慎的投资者必然趋向于回避上述高风险，因此操纵行为导致的股价虚涨无疑是对普通投资者的引诱，是利用自身的资金、信息优势将风险转嫁给普通投资者承担，是一种不道德的欺诈行为，是对投资者权益的侵害。

2. 扰乱证券市场的秩序，证券市场得以有序运营的前提是交易能够公开、公平、公正地进行，操纵市场行为利用资金优势、信息优势等破坏了公平与公开原则，从而导致交易无法公正实施，这种违反市场运作规律的行为堵塞了信息的顺畅流通，导致了资金无法进行合理的配置，使证券交易偏离了价值轨道，价格的涨跌无法正确地反映交易规律，从而使市场调配证券价格、资源与信息机制出现了失范，而一个调节机制失范的市场必然也无法保障交易的正常进行，因此，市场的竞争机制也被破坏，一旦市场竞争机制遭到破坏，那么投资者将对市场失去信心，从而大量撤资，这将导致建立证券市场的吸引社会闲散资金的主要目的无法实现，最终结果必然是投资者失去投资信心，投机者滋生，操纵行为弥漫，市场整体的运营机制惨遭破坏。

3. 国家对证券市场的监管活动，国家对证券市场的监管不仅关系到证券市场的有序运行与维护普通投资者权益，也与国家的宏观经济管理体制密切相关，与国家的宏观决策密切相关。

二、笔者见解

综上所述，笔者认为操纵证券市场罪侵害的是三重客体，具体是指：普通投资者的合法权益、证券市场的秩序与国家对证券市场的监管活动。但是，有观点认为，投资者的合法权益不能作为本罪的客体，原因可概括如下：

1. 认定困难，损害证券市场的正常管理秩序必然会侵害投资者的权益，但在具体实践中，有多少投资者因操纵行为受损害，每位投资者遭受了多大程度的损害等问题很难查清，因此，如果将投资者的权益作为本罪的客体，则不利于对本罪的认定。[①]

2. 犯罪客体应当反映犯罪的本质特征，而任何一种证券犯罪都会侵害投资者的合法权益，因此，如果将其认定为本罪客体，则无法将本罪与内幕交易等证券犯罪区分开来。

3. 刑法规定本罪以情节严重为必备要件，而实践中，投资者的合法权益只是判断情节严重与否的标准之一。[②]

对上述理由，笔者做如下反驳：

1. 对于认为难以认定的问题，虽然实践中很难完全查清因操纵行为遭受损失的人数及数额，但并非完全难以调查，况且，以抢夺罪为例，在实践中查处抢夺罪时，经常会遇到犯罪嫌疑人无法记清实施的时间、地点，而受害人也未前来领取的情形，即抢夺造成的损害的具体数额有时是难以认定的，但刑法依旧将公私财物的所有权作为抢夺罪的客体。因此，损害的难以查清根本不能构成不将受害利益作为犯罪客体的理由。而且，对于受损害人员与数额的认定问题属于证券民事损害赔偿的范畴，在该问题上，美国法已经建立起了完善的受害人请求违法者承担损害赔偿责任的救济制度，而这正是目前的中国法急需改进之处。

2. 对于犯罪客体应当反映犯罪的本质特征的说法，笔者认为该论断没有不妥，但实际分析中出现了偏差，即使其他的证券犯罪也涉及了投资者的权益，也不应以之作为不构成本罪客体的理由，可作为旁证的是抢劫罪、盗窃罪都将公私财物的所有权作为犯罪客体，也并未出现因此无法区分两罪的问题。况且，即使同样称之为投资者的权益，但权益的具体内容在操纵市场行为与内幕交易行为

---

① 参见刘宪权等：《金融犯罪理论专题研究》，复旦大学出版社 2002 年版，第 491 页。

② 参见王晨：《证券期货犯罪的认定与处罚》，知识产权出版社 2008 年版，第 318 页。

中是略有差别的，完全影响不到对本罪的认定问题。

3. 确实，操纵市场行为只有在情节严重时才会构成犯罪，投资者的合法权益只有在与情节严重结合后才能成为判断本罪的标准，但这并非本罪的唯一特征，是否构成本罪还需要综合其他要件进行判断，因此，不能以之作为否定其构成本罪客体的理由。况且，在侵害证券市场秩序、侵害国家对证券市场的管理活动等方面也都需要情节严重时才能构成本罪，如按照前述3的见解，那么岂非证券市场的秩序与国家对证券市场的管理活动等都不应构成本罪的客体了？

因此，笔者坚持三重客体说，这也是为了能够与参与证券交易各项活动的个人、市场以及国家三个层面的主体相对应。

第二节　本罪客体详解

一、投资者权益分析

从微观层面上来看，操纵证券市场行为首先是对投资者权益的侵害，对于投资者权益的保护问题，笔者意图阐明如下几点：

（一）对投资者权益的重视

虽然证券法律法规中都规定了对投资者合法权益的保护问题，如《证券法》第1条立法目的中指出“为了……保护投资者的合法权益……制定本法”，《股票发行与交易管理暂行条例》第1条以及《禁止证券欺诈行为暂行办法》第1条中也都表明了“保护投资者的合法权益”的立法姿态，而中国证监会的官方网站上更是将“保护投资者利益是我们工作的重中之重”高悬于主页的顶端。但在实际中，无论是证券法律法规还是监管机构似乎都更注重对市场秩序的维护，而关于投资者的保护多数时候仅停留在标榜的层面。

与投资者利益相比，市场秩序更受重视的原因在于：我国证券市场建立尚不满二十年时间，市场秩序处于初成阶段，监管机制亦不成熟，业界普遍关注的是如何设置完善的制度以杜绝违法犯罪的出现，如何推动市场的成熟化以发挥其作为宏观经济的催化剂的作用，因此，更为宏观的市场秩序自然也就成为业界关注的焦点，而对于微观的投资者利益的保护则处于被忽视的尴尬地位。例如，近几年来关于操纵证券市场犯罪的案例已被陆续揭发，对违法犯罪者严厉处罚的报道也次第出现，没收违法所得并伴以数十万元乃至数百万元的罚款的处罚也不再罕见，这对于惩治违法者、震慑蠢蠢欲动者的积极作用自不待言，但在保护因违法行为而遭受损失的投资者的利益方面，最为行之有效的民事损害赔偿的案例则至今仍是空白。原因在于关于民事损害赔偿问题，《证券法》第232条仅泛泛地规定“违反本法规定，应当承担民事赔偿责任和缴纳罚款、罚金，其财产不足以同时支付时，先承担民事赔偿责任”，而对于民事损害赔偿责任的追究方法，如诉讼时效、举证责任等则完全没有规定。与之相对，本法第11章的“法律责任”部分共有46条涉及了证券违法的行政处罚措施，如对于“市场禁入”、“没收违法所得”等行政制裁措施的规定都甚为详细，仅就立法内容便可以看出相关机关对于维护市场秩序的重视与对于投资者权益的漠视。

在证券市场逐步完善的进程中，保护投资者权益既是推进市场秩序走向完善的保障，更是证券市场存在的根基，因此，在继续维护证券市场秩序的同时，强调对投资者权益的保护并切实地制定相关措施以推动其贯彻实施是今后惩治证券违法犯罪活动的重心所在。

（二）投资者权益的分析

首先需要阐明的是该投资者的范围应如何确定，换言之，是以与操纵证券市场的行为人实施了相对交易者为限，还是以买卖了被操纵的证券的投资者为限，抑或将范围扩展至在操纵期间内购买了同类股票的投资者？对此，研究者的观点大相径庭。

有观点认为本罪保护的投资者应仅限于与操纵证券市场的行为

人实施了相对的反向交易者，因为只有在操纵者卖出投资者买入，或者投资者买入操纵者卖出时，才能认定投资者遭受的损害是缘于操纵者的操纵行为，损害与操纵行为之间的直接因果关系才能实现，而其他投资者的投资行为是因为看到了股价的涨跌而出于投机心理实施的，由此造成的损害缘于其自身投资判断的不够谨慎，与操纵行为间并无直接的因果关系。况且，如果不做这种限制的话，任何购买了该股票的人员都是受害者，都可以请求赔偿，反而给操纵人员造成了过于沉重的负担，引发了新的不公平。此外，未直接与操纵者实施交易的人员的损害与操纵行为之间的因果关系是很难判断的，与其造成这种不必要的麻烦，不如干脆将其排除出去而专注于对相对交易者的保护。

另有观点认为本罪保护的投资者不应作如此限定，而应扩展为在操纵市场行为的实施时间内的所有买卖了该证券的投资者，因为如果不发生操纵市场行为，那么该证券的价格将在价值规律的影响下平稳地波动，从证券投资者的心理出发考虑，众多投资者可能不会考虑购买该证券，而操纵行为导致了证券价格的异常波动，刺激了投资者的投机心理，引诱其购买了该证券从而遭受了损失，如果仅限于与操纵行为人实施了相对交易者，是对证券交易现状的无视。况且，在证券交易的实践中，特别是在利用网络的交易中，投资者关心的只是证券价格的涨跌，不会在意甚至根本不可能知道交易对方是谁，因此，也不可能将受保护的投资者仅限于相对交易者。

此外，还有观点认为，应将同期内购买了同类证券的投资者也纳入保护范围，主要理由在于证券交易是一种关联性很强的交易，某一证券的涨跌必然影响到与其同类的其他证券的波动，特别是在能源、建筑、金融等行业中，如中石油股价的涨跌往往会影响到中石化、中海油等股价的波动，因此，如果行为人对中石油的股票进行操纵，则会影响到中石化等股价偏离正常波动曲线，而此时买卖中石化证券的人员必然也会遭受本应避免的损失。

对于上述三种观点，笔者认为第二种较为妥当，理由如下：

1. 操纵市场行为会造成该证券价格的异常波动，此时除操纵者与极少数幸运者外，绝大多数参与买卖该证券的投资者都会因此遭受损害，而这种损害显然是缘于操纵行为的，即损害与操纵行为之间的因果关系成立。

2. 在证券交易实践中，除去柜台前的“面对面交易”外，绝大多数交易是通过互联网实施的，买方或卖方完全不关心也不可能得知与自己交易的相对方是谁，如果强行地将受害人范围限定为与操纵者实施了相对交易者，则是对交易现状的无视，也会给惩处造成诸多不便。

3. 美国法中便不以相对交易者为限，不仅如此，美国法甚至在认定交易时间方面还采用了宽缓的做法，即不以操纵市场行为终结的时间作为认定受损害的投资者的标准，而是认为操纵行为终了后的一定时间内，受此行为影响，证券价格仍会异常波动，而在这种异常波动的时间内买卖证券者也被列入保护范围之中。换言之，受害人只要能证明自己的买卖行为发生于操纵行为开始后至终结后又经过一定的合理时间的时期内，并且自己的买卖行为与操纵者的买卖行为是反向操作，便可以获得相应的赔偿。而所谓的“一定的合理时间”的长短则交由 SEC 或法院根据案件事实进行裁决。虽然有研究者指出这种宽泛的认定措施可能导致受害人请求的损害赔偿数额高于犯罪人实际获得的利益，但如果考虑一下实际中并非所有的受害人都会知道自己遭受损失并提出损害赔偿请求的话，那么犯罪人交出的违法所得是足以补偿该类受害人的损失的，美国的实际判例也证实了这一点。况且，美国法在该问题上的主流观点认为，只有在让犯罪人交出违法所得并以自己的财产进行补偿时，才能发挥惩戒功效，并警示其他心怀不轨者如果违法可能面临“偷鸡不成蚀把米”的困境，从而有效地发挥惩戒机制的惩戒与预防双重效果。

4. 对于前述第三种观点，虽然对某一证券的操纵可能会影响到同类证券的价格波动，但这种影响的实际程度是很难准确计算的，而且如果认可这种影响的话，那么与该证券相关产业的证券价格的影响（如操纵石油公司的股价时运输业的股价也会出现波动）是否也应计算在内？如此一来，操纵者承担的责任岂不是被无限拓展，从而陷入无底洞般的赔偿责任中？因此，似乎不应对操纵证券市场的责任做过于宽泛的理解。

投资者权益是指投资者的权利与利益。其中的利益既包括积极利益，也包括消极利益，即指投资者通过正常的交易行为本可以获得的利益或因非法的操纵行为而遭受的损失。其中的权利具体包括如下内容：投资者与操纵者平等地享有相关信息的知情权，投资者依据相关信息判断投资时机以及数额等的判断权，所有投资者基于相同的地位进行公开交易的交易权，投资者凭借交易获得利润的获利权。

此外，本公司的利益也会因操纵市场行为而遭受损害，如操纵市场行为会导致公司的证券价格处于异常波动之中，这必然会对公司的运营造成负面影响，虽然在短时间内公司也可能会因为证券价格的上涨而获得利润，但这种利润的获得是以极高的风险为背景的，并且完全背离了证券价格的涨跌规律，而且，这种证券价格的异常波动使理性投资者望而却步，削弱了公司的吸纳资金能力，总之，在公司资金的增值方面，操纵行为是高风险、低收益的实施方法。况且，在大部分的操纵证券市场的案件中，操纵者可以通过股价上涨后抛售股票从而暴富，但公司却受资本登记制度等的限制而很难如此操作，因此，在操纵市场行为结束后，公司证券的价格一般会陷入低迷，远低于其实际价值，从而使公司的实际资产严重缩水。此外，操纵市场行为会使投资者对公司的信用产生质疑，而信用被称为现代企业的无形资产，一旦公司信用受损，则其战略运营将受到牵制。最后，在操纵市场行为被监管机关揭露后，公司将不得不面对停牌、调查、罚款、市场禁入等种种影响其运营的处置措施，这也是对公司利益的侵害。

二、证券市场秩序分析

从中观层面上来看，操纵市场行为是对证券市场秩序的破坏，其主要体现在如下三个方面：

1. 操纵市场行为是对证券市场要求的公开、公平、公正的交易秩序的破坏。在整个社会金融体系中，证券市场通过在投资者和融资者之间建立直接通道，一方面为资金拥有者提供高效率的投资场所，另一方面为资金使用者提供高效率的筹资场所，由此产生了证券市场的四大静态功能：（1）投资功能；（2）筹融资功能；（3）分担企业风险功能；（4）资金流动与资源配置与再配置功能。①

但上述功能的实现必须以证券市场具有公平竞争秩序为基础。如果欠缺一个公平竞争的投资环境，证券交易被人为地扭曲，社会资金的流向将偏离证券的价值规律，这不仅与证券市场的筹集资金、优化资源配置的设置初衷相违背，同时也破坏了市场的公平竞争秩序，严重地违背了“公开、公平、公正”原则。从投资者交易的角度来看，操纵者利用普通投资者无法掌握的持股、信息等优势操纵证券价格涨落，诱使投资者买入或卖出证券，其实质是一种诈骗行为，违背了证券市场主张的公平交易原则，而公平交易秩序是证券市场赖以存在的根基，如果市场中操纵行为横行，欺诈比比皆是，普通投资者便会失去对市场的信赖感，从而放弃投资行为，这不仅会使证券市场吸纳社会闲散资金的功能无法发挥，甚至会导致其根本无法存续。可以说操纵市场行为对公平交易秩序的破坏便是对证券市场存在基础的侵蚀。以1929年的经济大萧条为例，到1932年时，纽约证券交易所的道琼斯工业股票平均指数暴跌近90%，而联邦政府经调查发现纽约证券交易所的上百种股票的交易是受到了操纵的。这次史无前例的股市狂跌的主要原因恰恰是证券

① 吴晓求主编：《证券市场概论》，中国人民大学出版社2001年版，第11页。

市场上长期充斥着的欺诈、操纵以及无节制的投机行为。

2. 操纵市场行为导致证券市场的效率低下。即使不会对市场的存续造成毁灭性影响，这种人为因素的强行介入也破坏了证券市场上的供需关系，操纵市场行为导致了证券价格陷入恶性波动。例如，在1998年的西安航标投资咨询有限公司操纵海鸥基金价格案中，1998年4月初，海鸥基金股票的交易价格尚在每股2元左右，总股价略高于公司净资产，原因在于当时的基金尚属于稀有品种，受供不应求关系的影响，这种略微高出的溢价尚处于正常水平。但随着西安航标投资咨询有限公司巨额资金的介入，到同年6月19日时，海鸥基金股票的交易价格已经上涨至6.15元，价格暴涨300%以上，严重偏离了证券价值规律。① 此外，如果考虑到证券价格的相互关联性的话，则某一证券的被操纵将导致几种甚至几十种证券价格无法实现良性涨落，这都会无谓地增加交易成本，降低证券的流通性，从而使交易效率低下。

3. 操纵证券市场行为将导致市场稳定性的丧失。公平交易的难以实现以及交易效率的低下都将使市场陷入混乱状态，市场将由此失去稳定性，无法发挥其调配资源的积极作用，不仅如此，证券市场被称为一国经济的晴雨表，健全的证券市场所反映的经济数据还是国家宏观调控决策的重要参考指标，而丧失稳定性的市场提供的虚假数据将导致国家宏观经济决策的失调，并会影响到证券市场的进一步发展。

三、国家监管活动分析

从宏观层面上来看，操纵证券市场行为还危害到国家对证券市场的监管活动，国家监管证券市场的主要目的在于利用证券市场发挥宏观调控金融经济与抑制通货膨胀。在宏观调控金融经济方面，

① 中国证券监督管理委员会稽查一局编：《证券期货稽查典型案例分析（1993—2000年卷）》，首都经济贸易大学出版社2004年版，第278页。

中央银行实行的政策主要有利率、存款准备金率、公开市场操作三种手段。在证券市场上，中央银行通过买进卖出国债等有价证券来调节社会上的货币供应量的多少，从而促进经济的正常发展。财政部门也可以发行国债以弥补财政赤字，避免社会经济的失衡。在实行证券发行核准制的国家，国家通过制定证券发行的额度和计划，有效地调节证券市场的供需平衡，促使证券市场以及整个国民经济协调、适度发展。而在抑制通货膨胀方面，随着市场经济的发展，单靠银行信用机制难以同时实现抑制通货膨胀和促进经济增长的双重目标。这正是证券市场存在的目的所在，因为证券市场吸收的是社会闲散资金，当社会闲散资金变成公司资本进入投资领域时，只是形式上发生了变化，而社会总的货币供应量没有变化，这就达到了既促进经济发展，又抑制通货膨胀的双重目的。① 国家对证券市场监管的核心内容便是着眼于上述两个目的而保证证券交易的合法、有序、公平实施，杜绝违背诚信原则的欺诈行为，而操纵市场行为是对上述核心内容的挑衅，是对国家监管活动的破坏。

对此，有观点认为不应将国家的管理秩序作为本罪的客体之一，原因在于：国家对证券市场的管理秩序主要是指国家有关部门依据证券法与相关法律法规所维护与要求证券市场参与者必须遵守的规范。这些规范主要体现在证券法律法规之中，而证券市场的实际运作规范更多地体现在证券市场所制定的具体制度之中，从法律性质上来看，这些运作规范应当是证券市场与参与者之间的格式化的民事协定。而国家对证券市场的管理秩序中并没有涵盖这一部分内容。因此，不应将国家对证券市场的管理秩序作为本罪的客体。②

但笔者认为该论点略有不妥，原因在于：虽然证券市场的实际

① 参见余磊：《操纵证券交易价格罪研究》，武汉大学法学院硕士论文（2004）。

② 参见莫洪宪主编：《证券犯罪理论与侦查实务研究》，中国方正出版社 2006 年版，第 303 页。

运作规范更多地体现在证券市场所制定的具体制度之中，但证券市场的实际运作规范却并不能体现国家对证券市场的管理活动的全部内容，而且上述观点也认为国家对证券市场的管理活动主要体现在证券法律法规之中，因此，不能以证券市场制定的具体制度代替国家对证券市场的管理活动。此外，这种管理活动也并非单纯地体现为证券市场与参与者之间的地位平等的协定，而在更多的情况下表现为国家监管机构对证券发行、交易的管控、规制乃至惩处活动，而这些活动都是主体地位不平等的管理活动，是无法看做“格式化的民事协定”的。因此，不能以证券市场秩序的中观层面代替国家监管活动的宏观层面，理应将国家对证券市场的监管活动作为本罪的客体之一。

第三章

操纵证券市场罪行为论

第一节　操纵证券市场罪行为概述

关于行为的认定是判断本罪是否成立的关键所在，因为本罪包含的行为样态最为复杂多样，也最难判断。例如，美国联邦证券诸法中将各种证券犯罪行为统称为“欺诈行为”，而其中最为重要的便是“操纵行为”，对于该操纵行为，立法并未规定明确的概念，而是宽泛地认为“只要投资者在公开市场上从事交易的唯一目的就是影响相关金融产品的市价，那么该交易行为就构成市场操纵行为”。①

与之相类似，欧盟的2003年《反市场滥用指令》中则将其统称为“市场滥用行为”，并进而区分为内幕交易行为与操纵市场行为，关于操纵市场行为，该指令第1条（2）（a）规定：“散布或企图散布有关金融产品供给、需求、价格方面的虚假或误导性信息或者个人或合谋担保一个或几个金融产品的价格，导致该价格出于反常或人为操纵的水平”② 的行为便构成操纵行为。换言之，由于操纵行为极其复杂，故而欧美法中都采用了极具弹性的概括方法以策万全。但需要指出的是：美国采判例法模式，虽然在1934年

① 盛学军主编:《欧盟证券法研究》，法律出版社2005年版，第212页。

② 盛学军主编:《欧盟证券法研究》，法律出版社2005年版，第214页。

《证券交易法》中也规定了操纵证券市场的某些行为样态，但SEC与法院却仍可以突破这些具体样态的范畴，以“认为只要投资者在公开市场上从事交易的唯一目的就是影响相关金融产品的市价，那么该交易行为就构成市场操纵行为”的抽象认定标准去具体判断哪些行为构成“欺诈行为”中的“操纵”行为。与之相类似的是：虽然欧盟各成员国大多采制定法模式，但2003年《反市场滥用指令》带有类似于公约的性质，因而无法对操纵行为做过于具体的规定，以免使各成员方在落实该法时出现困扰。

因此，欧美法对操纵市场行为不做详细规定的做法各有其道理，但与之相对，我国采制定法模式，并且是独立的主权国家，因而需要尽可能详细地规定操纵行为的样态，同样的问题也体现在日本金融商品交易法中。因此，下文中将首先对其他国家、地区中本罪的行为样态进行研讨，以推导出操纵市场行为的总体特征与主要的具体方式，而后以之与中国法中的规定进行对比，并对中国法中本罪的行为样态进行分析。

一、其他国家、地区的证券法中本罪的行为样态评析

（一）美国法中本罪的行为样态评析

美国法中规定操纵证券市场罪的主要是1934年《证券交易法》第9条“禁止操纵证券价格”与第10条（b），其中的第9条（a）“证券买卖交易”是对本罪行为样态的总结，该条款首先以总括的方式规定：“直接或间接利用邮递、任何州际商业手段或工具或直接或间接利用国内证券交易所任何设施的任何人，或国内证券交易所的任何会员，从事如下行为的，均属违法”，① 而后该条款用6项对常见的操作市场行为进行了总结。具体内容如下：

第（1）项为虚假买卖，首先将虚假买卖总结为“为了就全国

① ［美］路易斯·罗思、乔尔·赛里格曼：《美国证券监管法基础》，张路等译，法律出版社2008年版，第151页。

性证券交易所注册的任何证券制造交易活跃的假象或误导性假象，或任何该等证券市场的假象或误导性假象”，而后进一步指出虚假买卖包含两种方式：一、不转移所有权的假买假卖；二、预先知道交易情况（如交易时间、交易价格、交易数额）的相对委托购买或出售。

第（2）项为连续交易，是指以引诱他人交易为目的，单独或与他人联合实施的造成该证券交易的实际状况或形式状况活跃，或者抬高或压低其价格的连续交易。

第（3）项为散布虚假信息，是指通过在正常业务过程中散布或传播信息，诱使他人购买或出售相关证券。

第（4）项是提供虚假或误导性信息，是指以引诱他人购买相关证券为目的，在明知的前提下对某些重要事实进行虚假或误导性陈述。

第（5）项为以引诱交易为目的的散布信息，是指通过散布或传播信息，引诱他人购买相关证券，从而操纵证券价格。

第（6）项为安定操纵，是指为了限定、固定或稳定证券的价格而单独或与他人合谋对该证券进行连续交易。

与之相对，第 10 条（b）则是对证券欺诈的总括性禁止，其内容如下：任何直接或间接利用任何州际商业手段或工具，利用邮递或利用全国性证券交易所任何设施从事以下行为的，均属违法：……（b）在买卖全国性证券交易所注册的任何证券，未如此注册的任何证券或任何基于证券的互换协议的过程中，违反证券交易委员会为维护公共利益或保护投资者而制定的必要或适当规制和条例，适用或利用任何操纵或欺诈手段或计谋的。①

1934 年《证券交易法》以具体列举加概括规定的方式对操纵市场行为进行了限制，堪称完美。同时需要指出的是：第 10 条

① 参见张路编译：《美国上市公司最新立法与内部控制实务》，法律出版社 2006 年版，第 161 页。

(b)针对的是所有的证券欺诈行为，即操纵市场、内幕交易等各种证券犯罪，并且，在实践中，该条主要用于规制内幕交易罪，而惩治操纵市场的责任则主要由第9条(a)来承担，因此，下文中将主要围绕第9条(a)的具体规定展开分析。

由上文可以看出，第9条(a)的第(1)项的虚假买卖中包含了空买空卖与相对委托两种方式，其他各项都规定了一种操纵市场方式，因此，美国法关于操纵市场行为样态的规定可总结为七种：空买空卖、相对委托、连续买卖、散布虚假信息、提供虚假或误导性信息、以引诱交易为目的散布信息、安定操纵。下文中将对这七种操纵行为略作分析。

在空买空卖方面，首先须设定“制造交易繁荣的假象或误导性表象”的前提，因为并非所有的空买空卖都构成违法，而只有以制造交易繁荣假象，换言之，引诱不知情的投资者交易的空买空卖才构成违法。与之相同的是作为虚假交易的另一种的相对委托行为，该行为构成违法的前提同样是“制造交易繁荣的假象或误导性表象”，因此，该法才会在同一项中列举上述两种操纵行为，但不同于空买空卖的是，该条把购买与出售作了分别规定，并对相对委托的情形作了细致描述：“在知道由或为相同或不同的当事人在基本相同的时间、以基本相同的价格就任何证券的出售已经或将要达成数额基本相同的指令的情况下”，在该规定中，有如下三点值得关注：

(1)“相同或不同的当事人”，即法条强调不仅不同的当事人之间可以实施相对委托，相同的当事人也可以操纵不同的账户实施该类交易；

(2)相对委托的内容涉及“时间”、“价格”与“数额”三个方面，因为从证券交易的实践来看，通过对这三项要素的确认，基本可以认定当事人之间事前已约定好了相对交易；

(3)短短的一句话中三次使用“基本相同”的表述，特别是“基本”二字更是从证券交易的实际出发的，因为在操纵证券市场中，相对委托交易行为不可能完全同时实施，总需要一方略微提前开始而后另一方及时跟进，而在非面对面的交易中，即使是事先同谋的当事人之间也须应对复杂的交易状况，不可能在价格与数额方面实现完全对等，因此，"基本"二字便显得尤为重要，只要当事人在证券交易的"时间"、"价格"与"数额"三方面上的吻合基本一致，即与普通交易中的偶然性相违背，超过了合理怀疑度，那么便可认定交易的违法性，这种灵活且切合实际的规定方法为SEC查处操纵证券犯罪提供了极大的便利与操纵空间，也是美国能成功地遏制该类犯罪的重要保障。

在连续买卖方面，法条中规定了"引诱他人交易"的目的要件与"造成有关该证券交易的实际或表面状况活跃，或者抬高或打压该证券价格"的结果要件，这同样也是从证券交易的实际出发，在证券交易出现连续的上涨或下跌时，可能会有众多投资者反复进行买卖，该类行为并不必然构成违法，而仅仅是其中的带有引诱他人交易的目的并实际地导致证券价格或交易异常波动的连续买卖行为才构成违法。

法条中有三项提到了信息，分别为"散布虚假信息"、"提供虚假或误导性信息"、"以引诱交易为目的散布信息"，虽然都是对信息的散布或提供，并且各项中也都提到了"引诱他人交易"与"造成证券价格波动"的要件，但各项内容并不相同，如"散布虚假信息"的行为表现为"散布或传播"，是指向不特定的多数人的提供，而且该信息应是虚假的。与之相对，"提供虚假或误导性信息"的行为表现为"提供"，即可以是向某一人或少数人的传播，并且该信息也不以虚假性信息为限，即使是真实信息，如果其陈述具有误导性，也可能构成犯罪，如某公司将在近期内先发布签订重大合约的利好信息，而后会公布本季度业绩下滑的消息，此时的行为人仅将前一利好消息告知交易相对方而故意隐瞒后一利空信息的做法便是提供误导性陈述。而以"以引诱交易为目的散布信息"中并未规定"虚假"二字，换言之，即使是真实的信息，如果行为人出于“引诱他人交易”的目的进行散布，也可能构成本罪，如某人得知了公司的重大利好信息后抢在公司披露前进行散布，导致股价上涨后抛售自己持有的股票牟取暴利，便是利用真实信息引诱他人交易的适例。

安定操纵，是指为了使股价处于操纵者希望的波段而实施的操纵行为，该规定是美国法的特色，也对日本等国的证券法产生了影响。该行为是操纵市场行为的另类表现，在证券交易实际中，无论是有预谋的非法操纵行为还是重要信息的刺激都不能使证券的价格长期处于某一高位或低位并保持稳定，价格总会在价值规律的控制下趋向真实价位，而操纵者可能会希望价格在某一时期内处于自己需要的波段内，因此操纵者会利用不断的买卖刺激该证券交易处于异常活跃状态，从而使证券价格相对稳定。因此，安定操纵行为可能单独出现，也可能是在前述几种操纵行为完成任务后担当替补工作，而且就美日等国证券犯罪的实际状况来看，在多数情况下，安定操纵是作为前几种操纵行为的替补而登场的。

（二）欧盟法中关于本罪的行为样态评析

欧盟于2003年出台的《反市场滥用指令》第1条（2）是对操纵证券市场行为的概括，与美国的6项7类区分法不同，欧盟法将操纵证券市场行为区分为三大类：与交易有关的市场操纵行为、与信息有关的市场滥用行为、其他市场操纵行为。[①] 下文中将对这三种操纵行为分别加以简要评析。

---

① 有研究者指出，证券法研究专家Allen和Gale在1992年提出的操纵证券市场行为的三种类型与欧盟法的分类标准有异曲同工之妙，三种类型如下所示：基于信息的操纵（information-based）、基于行为的操纵（action-based）和基于交易的操纵（trading-based）。基于信息的操纵是以散布虚假信息和传播虚假流言为基础的操纵，基于行为的操纵是指以改变资产和实际可预见的价值为基础的操纵，基于交易的操纵是指仅仅通过买卖股票行为而进行的操纵。参见何基报、徐洪涛：《市场操纵行政法律责任构成要件比较研究》，深圳证券交易所综合研究所，2006-03-27深圳综研字第0129号，第8页，第23页。转引自陈世坤：《操纵证券交易价格犯罪相关问题探讨》，载《法制与社会》2007年第4期。

第一类行为是与交易有关的市场操纵行为，指令第 1 条（2）是对该类行为的规定，该条指出该类操纵行为是指："散布或企图散布有关金融产品供给、需求、价格方面的虚假或误导性信息或者个人或合谋担保一个或几个金融产品的价格，导致该价格出于反常或人为操纵的水平"。① 可以看出，该条款实际上规定了多种操纵行为样态，如"散布或企图散布虚假或误导性信息"包含了"散布虚假信息"、"提供虚假或误导性信息"两种操纵行为，而"个人或合谋担保"则包含了"空买空卖"、"相对委托"、"连续买卖"、"安定操纵"，换言之，该条款已经几乎将所有的操纵行为方式都纳入其中了，虽然也作了详细的列举，但由于语言表述的高度概括性，因此该条款的实际功效类似于美国《1934 年证券交易法》第 10 条（b）。根据该条规定，无论行为人实施怎样的操纵行为，只要满足如下三项要件，则可以认定操纵证券市场行为的成立：（1）在相应的时间内某证券的价格显现出被人为操纵或反常的迹象；（2）在相应的时间内行为人实施了疑似操纵行为；（3）行为人的疑似操纵行为是导致价格出现被人为操纵或反常迹象的原因。

考虑到证券交易中价格时常出现较大波动，对于何时才是合理波动，何时才是异常波动的疑问，该法第 4 条规定可参考如下 7 种因素：（1）交易行为影响到该证券的日常交易量的程度，尤其是导致价格出现重大变化时；（2）交易行为影响到该证券的交易价格程度；（3）虽然实施了交易，但相关所有人的权益并未发生变化；（4）交易行为颠倒了短期内的需求或影响到了日常交易量的重要部分，并导致该证券的价格出现重大变化；（5）交易行为集中于开盘后的短暂时间内，并由此导致价格的逆反性变化；（6）交易行为影响到该证券的最佳出价时机或一般投资者的投资决定；（7）交易在某段时间内或某段时间前后，结算价格和估算

① 《反市场滥用指令》第 1 条（2）（a），转引自盛学军主编：《欧盟证券法研究》，法律出版社 2005 年版，第 214 页。

是恰当的，并且会导致该证券价格的变化并影响其价格估算。①

也就是说，欧盟法采用了一种极具弹性的判断方法，其特色是不以证券价格的实际涨落作为操纵市场行为成立的唯一标准，因为价格的实际涨落只是操纵市场行为结果要件而已，即使价格并未涨落或未能达到操纵市场者的预期效果，也可以根据操纵者的交易行为以及对证券价格的影响性等认定操纵市场行为的成立。此时可以参考的因素包括：整个市场的透明度水平；保护市场运行效率的必要性和相关证券供给、需求的适当互动；相关市场行为对市场流动性和效率的影响程度；相关行为对相关市场交易机制的影响程度、使市场参与者恰当互动的程度、及时交易的情况；考虑全欧洲范围内相关金融产品的交易行为，直接或间接地参与市场（无论该市场是否存在内在风险的关系）；由任何一个主管机构或《反市场滥用指令》第12条（1）所提到的机构对相关行为的调查结果。②

此外，如下要素在认定操纵行为中也极为重要：根据相关规制规则，某行为对市场的可疑影响或者与全欧洲范围内的相关市场之间的直接或间接联系；相关市场的机构性特征，如被交易的金融产品的类型（股票、债券还是金融衍生品）、参与交易的行为人的身份（股份公司以及相关人员、大股东或持有大量资金者还是普通散户）、交易行为对市场参数的影响度（如该行为发生之前的市场状况、交易价格的升降与交易量的涨落）等。③

第二类行为是与信息有关的市场滥用行为，《反市场滥用指令》第1条（2）（c）指出该类行为是指："通过媒介（包括互联网）或其他形式散布或可能散布相关金融产品虚假或误导性信息"的行为。该类行为便是散布虚假信息行为，其成立同样要求行为人向不特定的多数人散布虚假或误导性的信息，并且该散布应是出于

① 参见盛学军主编：《欧盟证券法研究》，法律出版社2005年版，第215页。
② 盛学军主编：《欧盟证券法研究》，法律出版社2005年版，第216页。
③ 参见盛学军主编：《欧盟证券法研究》，法律出版社2005年版，第216页。

诱导证券价格或交易量，从而使一般投资者作出错误的交易判断以实施交易为目的的。

该条款进一步指出与信息有关的市场滥用行为可以分为如下几种类型：（1）证券商或交易相对人直接散布虚假或误导性信息，以操纵证券市场，这是最常见的操纵形式。（2）受托人负责散布虚假或误导性信息以操纵市场，并从证券商或交易相对人处获取报酬，对这种委托—受托以操纵市场的明确规定主要是从规制证券评论专家的角度着眼的，在实践中，许多所谓股评专家实际上是受聘于某些利益集团的，该类人往往故意夸大与所属利益集团相关联的股票的行情，并有意隐瞒利空消息，如果明确规定其操纵市场责任，则该类人员可能会以学识有限、判断失误等理由逃避惩处。

欧盟法中在散布虚假信息的规定方面具有如下几项特色：

一是行为主体方面，虽然条款指出本行为的主体主要是证券商与交易相对人，但却并不以之为限，而是认为任何人的操纵行为都可能构成违法。

二是行为方式方面，条款使用了“散布”一词，并对其作了最广义的解释，任何形式的散布，无论是通过互联网的广泛传播还是利用书面甚至口头的小范围内告知都构成散布。

三是行为的主观要件方面，该指令并不要求行为人在散布虚假或误导性信息时必须具有引诱交易的目的，即存在直接故意，而是认为过失也可能构成散布，即如果行为人在散布信息时知道或应当知道该信息的虚假或误导性，则可能构成本罪。

四是散布结果方面，本行为的实现只需行为人散布了虚假或误导性信息并获得了利益即可，对此，该指令第1条（2）（c）规定的构成标准是“相关人员直接或间接地从散布可疑信息的活动中获得了某种利益或利润”。换言之，无须该散布行为对证券的价格或交易量造成重大影响，甚至不要求行为人在散布后又实施了相关交易行为，这种处置方法也是与前文中提到的委托—受托以操纵市场的方式相联系的，因为股评人很可能在作出虚假评论后并不购买股票而是直接从证券商或交易相对人处索取报酬，但这种虚假股评对证券交易的负面影响却是显而易见的。

第三类行为是其他市场操纵行为，指令第1条（2）（b）规定了该类行为，其立法理念源于美国1934年《证券交易法》的第10条（b），是一种兜底条款。指令第1条（2）（b）规定："在交易行为或交易指令中使用了虚假手段、其他任何形式的欺诈或诡计"都可以构成操纵证券市场行为，无论该交易行为是否实际实施或者该交易指令是否实际发出。但该条款也强调并非所有的上述行为都构成其他操纵市场行为，其他操纵市场行为的成立与否还需参考两项要素：一是虚假手段、其他形式的欺诈或诡计是否与交易行为或交易指令存在联系；二是行为人在此前后的投资建议或研究结论是否与散布行为间存在实质性联系。[①]

（三）日本法关于本罪的行为样态评析

日本法关于本罪行为样态的规定是以美国的1934年《证券交易法》第10条（b）为基础而制定的，但与美国法不同的是，日本法将操纵市场行为分为两种犯罪分别加以规定，一种是操纵证券市场罪，根据日本《金融商品交易法》第159条的规定，操纵证券市场罪又包含四种行为形态，分别是假装买卖交易罪、串通买卖交易罪、变动操作罪、安定操纵罪。另一种是以操纵证券市场为目的的散布流言罪，由该法第158条规定，下文中将分别对这两类五种行为：假装买卖交易罪、串通买卖交易罪、变动操作罪、安定操纵罪、以操纵证券市场为目的的散布流言罪进行论述。

1. 假装买卖交易罪，是指行为人出于使他人误认为相关证券交易繁盛的目的而实施如下三类行为：（1）不以转移权利为目的而假装买卖有价证券；（2）不以交付或取得期权为目的而买卖期权；（3）对（1）中所列行为的委托与受托。换言之，假装买卖交

---

① 参见盛学军主编：《欧盟证券法研究》，法律出版社2005年版，第218~219页。

易罪等同于欧美法中的空买空卖行为，都是以不转移所有权为前提的假买假卖，并且，由于日本法深受美国法影响，故而也如美国法般明确规定了行为人的“引诱他人陷入误解的目的”，此外，日本法也吸收了欧盟法的先进经验，明确规定了委托—受托以虚假买卖操纵证券市场的责任问题。

2. 串通买卖交易罪同样以“行为人出于使他人误认为相关证券交易繁盛的目的”作为目的要件，其包含的行为方式较为丰富，常见的有如下五种：（1）行为人与他人通谋，在自己抛售证券的同时，由通谋者以相同的价格收购该证券；（2）行为人与他人通谋，在自己收购证券的同时，由通谋者以相同的价格抛售该证券；（3）行为人与他人通谋，在自己提出期权交易要约的同时，由通谋者以与交易要约等价的价格进行交易；（4）行为人与他人通谋，在自己提出期权交易承诺的同时，由通谋者以与交易承诺等价的价格进行交易；（5）上述行为的委托或受托行为。该类行为与欧美法中的相对委托行为相一致，同样是预先串通后实施的买卖行为，区别仅在于日本法详细地规定了期权的相对委托行为，而欧美法则因法条中的“证券”一词本就包含期权，故而没有再做以区分。此外，日本法明确规定“引诱他人陷入误解的目的”要件与委托—受托以操纵证券市场的责任的原因已如上所述。

3. 变动操作罪，是指以引诱他人实施相关证券交易为目的而实施如下三种行为：（1）连续买卖行为，即使他人误认为该证券交易繁盛，或者使该证券交易的价格发生变动而实施的连续买卖该证券的行为或者其委托或受托行为；（2）散布信息行为，即散布因自己或他人的操作而导致证券价格变动的消息；（3）提供虚假或误导性信息，即针对涉及证券买卖的重要事实故意做虚假或使人产生误解的表示。可以看出，日本法案中的变动操作罪同时包含了连续买卖、以引诱交易为目的散布信息、提供虚假或误导性信息三种方式，其规定实质仍可追溯至美国法，不同之处仅在于日本法总结了这三类行为的共同前提——引诱他人实施相关证券交易，而后做了统一处理。

4. 安定操纵罪，是指出于使证券价格稳定、固定或安定的目的而进行连续买卖的行为或其委托与受托行为。该安定操纵罪的规定同样源于美国法，是立法者出于对前述操纵证券市场行为结束后仍会频繁发生的后续操纵行为的担忧而设置的，其实际运用也取得了不错的效果。

5. 以操纵证券市场为目的的散布流言罪又包含三种行为形态：散布流言罪、使用虚假记载罪、使用暴行或胁迫罪。散布流言罪，是指以使证券价格变动为目的而散布流言的行为，关于该“流言”的解释，虽然有见解认为不必仅限于虚假的流言，即使是普通的谎话也可以构成，[①] 但通说认为还是应以向不特定多数人传播与事实内容不符的谎言为必要。使用虚假记载罪，是指以使证券价格变动为目的而使用欺罔、诱惑等手段从而使他人陷入错误或不知情的情形的行为。使用暴行或胁迫罪，是指以使证券价格变动为目的而直接对他人实施不法的有形力或者以使他人产生恐惧感而告知害恶的行为。日本法关于以操纵证券市场为目的的散布流言罪的规定与欧美法全然不同，不仅规定了散布流言罪，而且还规定了使用欺罔、诱惑、暴力、胁迫等手段以诱使他人实施交易的行为，本罪名可以看作是对第 159 条规定的操纵证券市场罪的补充，也可以看作是对第 159 条的总括，因为美国法中是以欺罔作为本罪的基本特征的，而师从美国法的日本法似乎也倾向于在作出具体列举后再作一总括规定以防万一。

还可作为佐证的是，日本《金融商品交易法》第 166 条关于内幕信息的规定也采用了先详细列举再总括规定的立法方式。当然，还需指出的是：第 158 条的这种做法究竟是补充还是总括规定的问题尚未见到相关争论，而关于内幕信息的规定则曾引起较大的

---

① 佐藤·小野·庄子编：《注释特别刑法第五卷 I》（经济编 1986 年）（马场义宣），第 267 页。

争议，目前基本达成的一致意见认为是补充而非总括规定，因此，关于第158条所列罪名与第159条间的关系问题尚有待于日本学界深入研讨。

（四）台湾地区相关法律关于本罪的行为样态评析

台湾“证券交易法”第155条是对操纵市场行为的规定，一般将该条称为“反操纵条款”。该条款第1项规定任何人不得对与上市或上柜有价证券实施各款所定的操纵股价行为，而各项所列的操纵行为则包括：违约交割、虚假交易、连续买卖、散布流言或提供不实信息五种，此外，该条第1项第6款是对操纵市场行为的总括性规定。

根据该法第155条第1项第1款的规定，违约交割是指“在集中交易市场报价，业经有人承诺接受而不实际成交或不履行交割，足以影响市场秩序者”，也有研究者称之为“违约不交割”。该规定是台湾“证券法”的特色，在欧美以及日本证券法中都找不到对该类行为的禁止，但台湾学者认为在目前台湾的操纵证券市场的案件中，“绝大多数也是本款规定的违约不交割行为。因此，它在遏阻证券市场不法行为上，有它一定的功能”。[①] 违约不交割的实际做法是，行为人自己便没有实际交易的意思，但却假装想要买卖而向证券公司提出相关交易的委托申请，当证券公司向交易所提出报价申请并经过竞价达成交易协定后，行为人却拒绝履行该协定。如果行为人在短时间内大量提出关于某一证券的抛售委托申请，该申请经由证券公司的报价、竞价等传播至证券市场后会造成该证券买卖繁盛的假象，在股价受此刺激而激增的情况下，行为人便可以坐享其成，获取高额利润。因此，这种虚假报价的行为会损害一般投资者的投资信心，降低证券公司的信用，并危及证券市场的交易秩序，故而台湾在1968年制定“证券交易法”之时，便明文规定了对该类行为的禁止，当时的法条中尚有“不以成交之意思”的

① 王文宇主编：《金融法》，元照出版有限公司2005年版，第165页。

主观要件作为前提，但在实际查处过程中，相关机构认识到对于“不以成交之意思”的例证极为困难，直接造成了大量案件查而不处的尴尬局面，因此1988年修订时，该主观要件被删除。

依照目前的一致意见，只要行为人在客观上提出了报价申请，有人承诺接受该报价后，行为人反悔不履行交易协定，并且这种行为对证券市场造成了影响时，则可以认定行为人实施了违约不交割行为。至于行为人是否自始便不具有实际交易的意思则在所不问。这种舍弃主观要件而纯以客观要件推定违法行为的成立的做法符合证券交易的实际，有利于减少控方的举证责任，便于打击操纵证券市场行为，也与美国法中以交易客观事实推定行为人主观恶性的做法颇有相似之处。但美中不足之处在于：法条中并未规定出现偶然因素时的免责事由。例如，行为人原本打算卖出股票，但在交易协定达成后却因为意外事件陷入债务困难，此时即使根据契约法原理，也应减轻其因违约而承担的赔偿责任，但如果根据“证券交易法”的规定，则必须对其处以刑罚了，这显然是有失公允的。

此外，美国法的做法在于以较为容易查证的客观事实推定行为人主观要件的成立而后在主客观要件齐备的情况下实施惩处，而非完全地弃却主观要件纯以客观要件追究责任。因此，可以说虽然台湾“证券交易法”第155条的修订简化了主观要件难以例证的困难，但却因漏掉免责事由与过于强调客观要件而走向了另一极端，对美国法关于推定证明主观要件的经验的借鉴可谓“画虎不成反类犬”。

在虚假交易方面，仅规定了通谋买卖行为，且并未明文强调对于上述行为的委托与受托的禁止。根据“证券交易法”第155条第3款第1项的规定，通谋买卖是指“意图抬高或压低集中交易市场某种有价证券之价格，事先与他人通谋，以约定价格于自己出售或购买有价证券时，使约定人同时为购买或出售之相对行为者”。该条文与日本法中的相关规定并无二致，是台湾地区相关法律关于操纵证券市场行为的规定中较为科学的条款之一。该条款也是经历修订才达到该状态，“证券交易法”制定之初，其目的要件原为

“意图操纵市场行情”，但一来“操纵市场行情”的“意图”纯属主观要素，很难以客观要件实施判断，二来“市场行情”一词过于笼统，究竟是一种股价的波动算是行情受影响，还是整个证券市场陷入混乱才算作影响行情？对于该问题难以回答，因此1988年该法修订时，立法者将本行为的目的要件改正为“意图抬高或压低集中交易市场某种有价证券之价格”，一方面提出了难以例证的纯主观要素，以证券价格的被抬高或压低作为主观恶性的判断基准，另一方面强调了“某种”证券价格以实现具体化。

需要指出的是，最初立法之时，该条款原本仿照日本法规定了假装买卖与通谋买卖两种行为。假装买卖是指由同一投资者同时向两家以上的证券公司分别提出收购或抛售某证券的委托申请，以便在实际上并不转移所有权的情况下制造市场繁荣的假象，吸引其他投资者买卖该证券。在最初的“证券交易法”中，本行为被规定为“意图影响市场行情，在集中交易市场不移转所有权而伪作买卖”，即行为人的主观目的为“意图影响市场行情”，但1988年修订时，删除了“意图影响市场行情”一句，主要理由在于：对于影响证券市场行情的意图是很难利用客观因素进行判断的，增加此要件会加大查处难度；此外，只要在集中交易市场上进行不转移所有权的假买假卖就足以证明行为人存在操纵证券市场的目的，因而无须附加其他主观要件。但这种删除行为也造成了查处的滥用化，因为台湾证券市场并不禁止在同一交易日中的反复买卖同一股票的行为，而在交易实际中，是可能出现投资者卖出股票后获知即将涨价信息因而再买入的情形的，但如果根据法律规定，则这种行为毫无疑义地构成操纵市场罪了。

因此，自1988年该法修订以来，一直有反对意见认为这种做法过于偏颇。其结果是，2000年该法修订时，关于假装买卖的条文被干脆地删除。因此，与美欧及日本法严厉惩治假装买卖不同的是，现行台湾地区相关法律并不认为该行为构成犯罪，其原因不得而知，但却遭受了研究界更为猛烈的批评。台湾地区相关法律关于假装买卖的非犯罪化处置堪称其一大败笔。

根据该法第155条第1项第4款的规定，所谓连续买卖是指“意图抬高或压低集中交易市场某种有价证券之价格，自行或以他人名义，对该有价证券，连续以高价买入或以低价卖出者”。如同前文所述，本条在制定之初同样规定了“意图影响市场行情”的目的要件，但在1988年该法修订时改为现行规定，此外，该法修订中增加了“或以他人”的表述，主要是考虑到连续买卖的实情，因为连续买卖可能是以自己名义实施的，也可能是在自己控制下的自己账户与他人账户之间的交易，因此，法律明文增加“以他人名义”一词以突出强调对自己控制下的多个账户间买卖行为的禁止。而所谓“连续买卖”是指只要基于概括的犯罪故意，在特定期间内，为两次以上的交易，即可认定为连续。①

台湾“证券交易法”虽然是以日本法为参照，但在连续买卖的规定方面，“证券交易法”的要件规定比日本法更为明晰，表现在：（1）明确规定了“以他人名义”的连续买卖行为；（2）对连续买卖行为的解释较为合理，如将主观要件表述为“概括的犯罪故意”，而并未僵化地追求对行为人主观恶性的例证，再如并未机械地规定连续交易的时间，而是采用了较为概括的“在特定时间内”以便证监会与司法机关的灵活处置，再如认为连续两次交易即可构成本罪，以较低的参数防止脱法行为的出现。

散布流言或提供不实信息是指“意图影响集中交易市场有价证券交易价格，而散布流言或不实资料”的行为，1988年该法修订时，主观要件的修改如上所述，此外，原法条中本为“恶意散布流言或不实资料，足以影响市场行情”的表述，但该法修订后删除了“恶意”与“足以影响市场行情”，删除“恶意”是因为散布流言或不实资料的行为本就属于恶意，因而无须赘述，况且前半段中已有关于本罪主观要件的表述，后半段应是关于客观要件的

---

① 参见王文宇主编：《金融法》，元照出版有限公司2005年版，第166页。

描述，增加“恶意”二字混淆了主客观要素，显得不伦不类。“足以影响市场行情”给人以本罪是危险犯的感觉，且何种散布达到“足以”程度的判断标准也不明晰，故而被删除。

此外，“证券交易法”第155条第6款特设有概括性规定：“直接或间接从事其他影响集中交易市场某种有价证券交易价格之操纵行为”，立法之初采用的是“直接或间接意图”以及“市场行情”的表述，修订之时皆被替换以实现法规定的明确化。但同样的问题在于主观要件的被删除可能导致处罚范围的过于宽泛，任何客观上符合操纵行为要件的正常交易行为都面临被无端处罚的危险，因此，研究界对此颇有微词。

（五）各国、地区关于本罪行为样态之总结

如上文所述，美国、欧盟、日本以及台湾地区相关法律对于本罪的行为样态的规定可谓大同小异，共同之处在于都认为空买空卖、串通买卖（或称为通谋买卖、相对委托）、连续买卖、散布流言以及不实表示等行为构成本罪，不同之处在于美国法、欧盟法与日本法中规定了安定操纵行为，台湾地区相关法律则规定了假装交割行为，此外，台湾地区相关法律不将假装买卖作为犯罪看待，且并未明文规定操纵市场的委托与受托行为也构成犯罪。如果对上述国家地区的操纵市场罪的行为样态进行抽象的话，那么其至少应包含如下六种方式：空买空卖、相对委托、连续买卖、散布或提供虚假信息、安定操纵、违约交割。此外，还应设定有诸如“其他操纵证券市场的欺诈行为”的概括性规定以策周全。

二、中国法中本罪的行为样态概述

（一）中国刑法关于本罪的行为样态的规定

中国《刑法》第182条将本罪的行为样态分为如下几种：

（1）单独或者合谋，集中资金优势、持股优势或者利用信息优势联合或者连续买卖，操纵证券交易价格的；

（2）与他人串通，以事先约定的时间、价格和方式相互进行证券交易或者相互买卖并不持有的证券，影响证券交易价格或者证券交易量的；

（3）在自己实际控制的账户之间进行证券交易，影响证券交易价格或者证券交易量的；

（4）以其他方法操纵证券交易价格的。

由此可见，刑法为本罪设定了五种行为方式：联合买卖行为、连续买卖行为、串通买卖行为、自买自卖行为、其他操纵行为。其中联合或连续买卖需要具备“集中资金优势、持股优势或者利用信息优势”的前提，否则可能不会构成操纵证券市场罪，附加该前提的原因或许在于立法者认识到并非所有的联合或连续买卖行为都将构成本罪，只有利用巨额资金等优势的联合或连续买卖行为才能对证券价格的变动产生影响。对于联合买卖的含义，有见解认为是指两个以上的行为人出于共同获取不正当利益或者转嫁风险的目的，集中各自的优势，共同买卖某种证券。① 另有见解对此作了更为详细的说明：两个以上的主体，通过合谋，集中资金优势或其他优势，按各自的分工或共同吸纳某种证券、期货合约以抬高其价格，或共同集中抛售所持有的某种证券、期货合约以打压其价格。② 对于连续买卖的含义，有见解认为是指同一行为人连续多次买卖某种证券。③ 有见解指出是指单独或者合谋，集中资金优势，持股、持仓优势或者信息优势，连续以高价买进或者以低价卖出，从而引诱其他投资者参加交易的行为。④ 串通买卖是中国法对该类

① 高铭暄、马克昌主编：《刑法学》，北京大学出版社、高等教育出版社 2005 年版，第 418 页。

② 王作富主编：《刑法分则实务研究》（第三版）（上），中国方正出版社 2007 年版，第 548 页。

③ 高铭暄、马克昌主编：《刑法学》，北京大学出版社、高等教育出版社 2005 年版，第 418 页。

④ 王作富主编：《刑法分则实务研究》（第三版）（上），中国方正出版社 2007 年版，第 548 页。

行为的称呼，其含义与外国法中的相对委托相同，也可以称为“对敲”行为。对于自买自卖行为，通说认为也不以买卖账户都是行为人名下的账户为限，只要是在行为人实际控制的各个账户之间进行的买卖行为，都可以称为自买自卖行为。关于其他操纵行为，一般认为应包括：与他人合谋进行不转移证券所有权的虚假买卖，利用职务之便人为地抬高或压低某种证券交易价格，等等。①

（二）中国证券法律法规关于本罪的行为样态的规定

中国《证券法》第77条首先指出“禁止任何人以下列手段操纵证券市场”，而后也将操纵证券市场的行为方式总结为四种：

（1）单独或者通过合谋，集中资金优势、持股优势或者利用信息优势联合或者连续买卖，操纵证券交易价格或者证券交易量；

（2）与他人串通，以事先约定的时间、价格和方式相互进行证券交易，影响证券交易价格或者证券交易量；

（3）在自己实际控制的账户之间进行证券交易，影响证券交易价格或者证券交易量；

（4）以其他手段操纵证券市场。

在关于操纵证券市场的行为方式的具体规定方面，证券法与刑法的内容基本一致，但与刑法原本规定为“操纵证券交易价格”不同，证券法制定之初便使用了“操纵证券交易价格或者证券交易量”的表述，明确地指出了本行为不仅是对证券交易价格的操纵，还是对证券交易量的操纵，也正是受证券法的影响，《刑法修正案（六）》第11条才将本罪的罪名由“操纵证券市场罪”修改为“操纵证券、期货市场罪”。

与证券法不同，证监会在1993年发布的《暂行办法》以第7条的总括规定与第8条的详细列举的方式规定了操纵证券市场行为，其中第7条的规定为：禁止任何单位或者个人以获取利益或者

① 高铭暄、马克昌主编：《刑法学》，北京大学出版社、高等教育出版社2005年版，第418页。

减少损失为目的，利用其资金、信息等优势或者滥用职权操纵市场，影响证券市场价格，制造证券市场假象，诱导或者致使投资者在不了解事实真相的情况下做出证券投资决定，扰乱证券市场秩序。

第8条将其行为方式详述如下：（1）通过合谋或者集中资金操纵证券市场价格；（2）以散布谣言等手段影响证券发行、交易；（3）为制造证券的虚假价格，与他人串通，进行不转移证券所有权的虚买虚卖；（4）出售或者要约出售其并不持有的证券，扰乱证券市场秩序；（5）以抬高或者压低证券交易价格为目的，连续交易某种证券；（6）利用职务便利，人为地压低或者抬高证券价格；（7）其他操纵市场的行为。

在第7条的总括性规定中，《暂行办法》提到了资金与信息优势，但并未涉及持股优势，此外，该办法还规定了利用职权操纵市场的行为，而在影响对象方面，该办法仅提到了“证券交易价格”，并未涉及“证券交易量”，联系到刑法于1997年制定之初也仅提到了“证券交易价格”的问题，可以推想业界在对该类行为进行规制之初，并未认识到操纵证券交易量的危害，甚至可以说是并未认识到可以利用操纵市场交易量而操纵证券市场的。

在第8条的具体行为规定方面，《暂行办法》虽然在表述方面尚存在不足，但其包含的信息范围却远广于刑法与证券法，如其中包含了联合买卖、散布谣言、串通买卖、空买空卖、连续买卖、利用职务便利以及其他行为七种方式。在联合买卖方面，暂行办法仅提到了“通过合谋或者集中资金”，对于单独的联合买卖，利用信息优势的联合买卖、利用持股优势的联合买卖等未曾涉及，可以说存在明显的不足。对于散布谣言，《暂行办法》将其作为操纵证券市场的行为方式之一，这显然是受美国、日本法的影响，而刑法与证券法都将散布谣言扰乱证券市场作为独立的一种罪名，虽有创新，但却无法提供将其独立的充足理由，因此，笔者认为还是应将散布谣言作为操纵证券市场的行为方式之一，关于该问题的具体论述，将在本章第二节中展开。

对于串通买卖行为，《暂行办法》设定了“为制造证券的虚假价格”的目的要件，但该要件显属多余，刑法与证券法都对其否弃不用。对于空买空卖行为的明确规定是《暂行办法》的科学之处，该行为是一种常见的典型的操纵证券市场的行为，但刑法与证券法都遗漏了该行为，因此研究界不得不将其在其他行为中加以列举。同样的问题也出现在利用职务便利操纵证券市场的规定中。对于连续交易行为，《暂行办法》并未规定“单独或者合谋”以及“利用资金、信息与持股优势”的问题，似乎显得过于笼统，而增加的“以抬高或者压低证券交易价格为目的”的要件似乎又过于苛刻，如前所述，这种纯主观心证的要素很难通过客观事实直接证明，无谓地增加该类要件有导致控方举证责任无限加大的危险。

（三）中国法关于本罪的行为样态的补充与完善

如上所述，中国刑法与证券法中都规定了本罪的五种行为样态，而《暂行办法》则规定了七种行为样态，不过由于《暂行办法》只是行政法规，且出台时间远早于刑法与证券法，因此很难直接以之作为认定本罪的行为方式的依据，而且证券法中规定的是操纵证券市场的违法行为，并未涉及本罪的构成要件等问题，对于本罪的刑事责任也仅仅是简单地规定“构成犯罪的，依法追究刑事责任”。故而，在认定本罪的行为方式时，还需依据刑法实施判断，因此，对于联合买卖、连续买卖、串通买卖、自买自卖等行为可以直接认定为犯罪，而对于其他的诸如空买空卖行为、利用职权操纵证券市场行为、散布或提供虚假或误导性信息以操纵证券市场的行为等则只能作为其他操纵方式处理，但这种立法的不明确性极易造成脱法现象的出现，因此，有必要在再次修订刑法时明确地规定上述几种行为也可能构成操纵证券市场罪。

总之，参照外国的相关规定，笔者认为刑法中至少应明确规定操纵证券市场罪的行为方式包括如下九种：联合买卖、连续买卖、通谋买卖、空买空卖、自买自卖、散布或提供虚假或误导性信息、安定操纵、违约交割、利用职权操纵市场。

此外，还有一种更为科学但在目前较难实施的立法方式，便是仿照日本法关于证券犯罪的立法方法，如日本关于经济犯罪采用的是特别法模式，即在日本刑法中并未规定该类犯罪，而是在经济法中分别加以规定，如关于操纵证券市场等证券犯罪便被规定于《金融商品交易法》中，该法的前身为《证券交易法》，2006 年经全面修订后改为现名，该法第 159 条是对操纵证券市场行为的规定，该条对本罪的行为方式做了详细的规定，因而只需翻阅本条便可认定某种行为是否构成操纵证券市场罪，这远远优越于中国法的在两部法律、一部行政法规中规定本罪的行为方式，且由于法律的出台、修订时间各异，立法者的思路有别，导致了对同一违法行为的行为方式出现了众多不同表述的弊端，也由此导致了法适用的诸多不便。

综上所述，笔者认为：无论在刑法还是证券法的修订之时，首先都应明确规定操纵证券市场罪的九种行为方式：联合买卖、连续买卖、通谋买卖、空买空卖、自买自卖、散布或提供虚假或误导性信息以操纵证券市场、安定操纵、违约交割、利用职权操纵市场，并科学地设定上述九种行为方式的内容以保证适用的周全。此外，还应增设诸如“关于其他操纵证券市场的行为，参照证券法律法规的规定处理”的补充规定，因为刑法的修订关系到社会秩序的稳定，相对严谨且周期较长，不能保证随着证券市场上新出现的操纵行为而随时发生变化，而证券法属于经济法，要时常伴随着经济情势的变动进行修订，可以灵活地对新出现的操纵市场行为进行对应处理，更为灵活的则是证券法规，可以即时地改正，故而首先以刑法规定的方式尽可能地涵盖本罪的行为方式，而后以证券法律法规作为补充，在出现新的违法行为方式时，适时地通过修订证券法律法规进行调整处理，只有如此，才能应对纷繁复杂、层出不穷的操纵证券市场行为。

第二节 操纵证券市场罪行为分述

正如本章第一节所述，操纵证券市场罪的行为方式极为繁杂，常见的有：联合买卖、连续买卖、通谋买卖、空买空卖、自买自卖、散布或提供虚假或误导性信息以操纵证券市场、安定操纵、违约交割、利用职权操纵市场九类，此外，由于中国法将编造并传播证券交易虚假信息罪与诱骗投资者买卖证券罪规定为与操纵证券市场罪相并立的犯罪行为，对于这两种行为能否以及如何纳入操纵证券市场罪之中的问题尚需结合《刑法》第 182 条与第 181 条分别加以论述，因此，本节拟将操纵证券市场罪的行为方式概括为如下十种：联合买卖、连续买卖、空买空卖、通谋买卖、自买自卖、散布虚假或误导性信息以操纵证券市场、提供虚假或误导性信息以操纵证券市场、安定操纵、违约交割、利用职权操纵市场，参照外国法的相关规定，对这十种常见的操纵证券市场行为的实行方式分别进行分析，并以之与中国法中的类似规定进行比较，指出中国法在相关问题上的应予完善之处。最后，本节还将对其他的几种也可能操纵证券市场但并不太常见的操纵行为进行简单的介绍。

一、联合买卖行为分析

（一）联合买卖应否独立于连续买卖

我国《刑法》第 182 条与《证券法》第 77 条都将联合买卖行为与连续买卖行为统一概括为：单独或者合谋，集中资金优势、持股或者持仓优势或者利用信息优势联合或者连续买卖，操纵证券、期货交易价格或者证券、期货交易量的。对于联合买卖行为，既然是“联合”，那么便不存在单独实施的可能，因此，中国法关于本行为的实施方式应当是：行为人合谋，集中资金优势、持股或者持仓优势或者利用信息优势联合买卖，操纵证券交易价格或者证券交易量。具体来说，便是：资金大户、持股大户等利用其持有的大量资金或大份额股票或者不被一般投资者所了解的优势信息等进行通谋买卖，对某种股票连续以高价买进或者连续以低价卖出，以造成该股票价格见涨、见跌的现象，诱使其他投资者错误地抛售或追涨，而自己则作出相反的行为，以获取巨额利润。①

由此可见，中国法中将本行为与连续买卖行为规定在同一条文中，并设定同样的“单独或者合谋”的前提的做法似乎存在问题。与之相对，其他国家、地区关于联合行为的规定方式也各有差别。例如，美国法是将本行为作为连续行为的方式之一，如根据1934年《证券交易法》第9条的规定，连续交易行为是指以引诱他人交易为目的，单独或与他人联合实施的造成该证券交易的实际状况或形式状况活跃，或者抬高或压低其价格的连续交易，即按照美国法的规定，连续交易行为分为单独实施的连续交易行为与联合实施的连续交易行为两种。

与美国有别，欧盟法并不认为操纵市场行为必须是连续买卖行为，而是认为单独或者合谋的买卖行为即可操纵市场，如根据欧盟的2003年《反市场滥用指令》第1条的规定，该类行为是个人或合谋担保一个或几个金融产品的价格，导致该价格出于反常或人为操纵的水平的行为，即个人的一次或连续买卖行为、合谋的一次或连续买卖行为都可能构成本罪。美欧证券法在该方面规定的差别可以概括为对连续交易的重视VS对合谋买卖的重视。

颇为奇怪的是，虽然一般认为日本证券法深受美国证券法的影响，但日本法对于联合买卖的规定却与欧盟法更为接近，如日本法中并未规定连续买卖交易罪，反而规定了串通买卖交易罪：行为人与他人通谋，在自己抛售证券的同时，由通谋者以相同的价格收购该证券。根据该法条的内容，如果交易的数额大到足以影响某证券的市场行情，则该买卖行为只要实施一次即可构成犯罪，而不必两次以上连续买卖，即日本法与欧盟法都同样强调了交易的“串通”

① 参见刘宪权：《证券期货犯罪理论与实务》，商务印书馆2005年版，第436页。

与“不以连续为必要”的特性。

受日本法影响，台湾地区相关法律也明文限制通谋买卖行为而未规定连续买卖，如台湾“证券交易法”第155条第3款第1项规定：通谋买卖是指事先与他人通谋，以约定价格于自己出售或购买有价证券时，使约定人同时为购买或出售之相对行为者，其法条内容与日本法几乎一致。

由上述分析引申出的第一个问题是：联合买卖行为究竟是连续买卖行为的一种还是独立存在的行为方式？该问题的实质则在于联合买卖行为是否须以连续实施为必要。笔者认为，联合买卖行为应是独立于连续买卖行为的操纵证券市场方式，原因在于：从证券交易的实际状况出发，如果行为人拥有足够的资金，或者持有足够份额的股票，或者知悉了足以影响某证券交易行情发生异常变动的重要信息，那么只要实施一次交易就足以导致该证券交易行情发生异常波动。例如，行为人持有某公司的10%的股票，他与其他人预先约定交易价格与时间，而后将所持有的股票一次性抛售，鉴于证券市场上每只股票的日成交量极少会超过其可流通股票总量的10%，那么，这突然出现的巨额抛售势必引发该股票的行情大涨。因此，联合买卖行为在具备了一定的条件时，只需一次性操纵就足以扰乱某种证券的正常交易。故而，对于联合买卖行为无须附加“连续实施交易”的限制，而应根据行为人是否持有足够的资金，是否拥有足够的持股份额，或者是否利用了足够分量的重要信息等进行具体判断。

此外，还可作为佐证的是：只有美国法规定了联合买卖行为是连续买卖行为的组成部分，而欧盟法、日本法、台湾地区相关法律都更注重对联合买卖行为的（单独）处置，中国大陆证券法又主要移植于日本法与台湾地区相关法律，对其合理经验更应予以借鉴。当然，还需指出的是，无论根据中国立法还是证券交易实践，连续买卖行为中也经常包含联合买卖的方式，换言之，联合买卖与连续买卖两种行为之间存在重合部分——联合连续买卖行为，并且，在实际交易中，联合买卖通常都是利用连续的数次交易完成的，单纯地将联合连续买卖行为划入联合买卖行为或连续买卖行为中都不合适，这或许便是立法者在制定《刑法》第182条与《证券法》第77条时将两种行为规定在同一款中的原因之所在。

（二）合谋的含义

此外，法条中的“合谋”一词的含义也甚为丰富，在合谋的时间方面，既包括行为人在交易开始之前业已协商完毕，也包括行为人在交易开始后才开始进行磋商，在合谋的内容方面，既可以是针对交易时间、交易量以及交易价格的详细约定，也可以是关于这三种交易要素的大体达成一致，总之，行为人只要在买卖结束前就足以影响某证券交易行情的交易要素达成大概的一致买卖意见，便可以构成合谋。例如，行为人甲与乙事前经过反复磋商，达成如下详细的约定：在某个交易日开盘后立即由甲以每股100元的价格抛售10万股某股票，乙预先准备好资金，一旦发现该股票大量被抛售则立即买入，以此拉动该股价格上涨。则这种行为属于典型的事前详细合谋。再如，行为人甲决定以每股100元的价格抛售10万股某股票，在抛售的过程中，甲发现股价持续上涨后立即通知乙，告知乙股票名称或代码以及抛售量等，由乙负责收购，这种行为便属于交易开始后的合谋。再如，行为人甲告知乙：“咱们明天把手中的某股票先抛出一半，等价格炒起来后再把剩下的全部抛出就发财了”或者“我将在明天把手中的某股票抛出，你在适当的时候收购回来吧”等不涉及具体价格与交易量的概括的约定也可以构成合谋。

（三）联合的方式

在买卖方式方面，法律仅限定为“联合”，而未规定是否必须相对实施，因此，联合买卖既可以是一方行为人抛售股票的同时，由另一方行为人收购该股票的对向买卖，也可以是行为人共同对某一股票实施抛售或收购的同向买卖。特别是在对向买卖中，并不要求行为人之间的交易量必须均等，即一方行为人抛出大量股票，而另一方行为人仅收购其中的一部分时，只要这种抛售与收购足以影响该股票的交易行情就可以构成联合买卖。而在同向买卖的情况中，认定买卖行为能否影响证券交易行情时须从各行为人实施交易的证券总量出发进行判断，而无须顾及各行为人实际操作的交易数量，这一方面是从调查便利的角度出发，另一方面，同时也堪称决定性的原因在于实践中可能会出现数个行为人联合实施操作的情况，此时如果做个别判断的话，可能每个行为人控制的数额都不足以影响证券交易行情，但综合起来时却会导致证券交易的异常变动。

刑法与证券法都规定联合买卖时利用的优势为资金优势、持股优势或者信息优势，一般将这三种优势统称为“资源优势”。[①] 之所以明文规定这三种资源优势是因为资金、持股或者信息这三项要素在证券市场上发挥着举足轻重的作用，某项证券的交易价格或交易量是否发生变动主要取决于这三项要素。而掌握这种资源优势的行为人一旦将该优势与操纵行为相结合，必然会对证券市场造成严重的破坏。因此，无论刑法还是证券法中都明文规定了对利用这三类资源优势实施联合买卖的行为的禁止。

（四）优势信息与内幕信息的区别

此外，还需分析的问题是，此处的信息优势中的“信息”是否等同于内幕交易、泄露内幕信息罪中的“内幕信息”。对此，研究界存在肯定说与否定说的对立。肯定说认为：此处的“信息”的外延应等同于内幕信息，[②] 因为证券法中规定该类信息时突出了其“重大影响”的特征，而只有具备这种“重要性”的信息才有可能被用来对证券交易的行情造成影响。与之相对，否定说认为：没有必要将此处的“信息”的外延和内涵限定在“内幕信息”的范围内。只要行为人实际操纵了证券交易价格，

① 参见刘宪权：《证券期货犯罪理论与实务》，商务印书馆2005年版，第436页。

② 参见宋茂国等：《略论操纵证券市场罪》，载《云南法学》1998年第2期。

不管其利用了何种信息，均有可能构成本罪。[①] 笔者赞成否定说，并举出如下理由：

1. 肯定说注意到了内幕信息的重要性特征，认为只要是内幕信息必然会对证券交易行情造成影响的看法也不无道理，但仅凭此便认定该“信息”等同于内幕信息的理论依据却不充分，因为内幕信息因具备重要性特征而必然会对证券交易行情造成影响，但反之却未必，即能对证券交易行情造成影响的信息并不必然属于内幕信息，一项信息是否构成内幕信息还需考察其“秘密性”等特征。

2. 即使是已公开的信息也可能被用来对证券交易行情实施操纵，如行为人预先获知了相关内幕信息，但并未立即购买股票而是做好购买准备，等该信息被公开后立即抢购，此时由于信息已被公开，故而不再属于内幕信息，但从证券交易的实际来看，即使是在互联网技术高度发达的今天，一项信息被公开后最快也需要数十分钟乃至数小时的时间才能被广大投资者所消化吸收，而行为人却早在大部分投资者消化吸收前抢得了先机，这种利用时间差获取不法利益或转嫁风险的做法同样应被禁止。

3. 证券市场是一个对信息高度敏感的市场，即使是不具备“重要性”的一般信息，只要操纵者具有足够的操纵技巧或附加资金、持股等优势同样可以对证券交易行情造成破坏，因此没有必要将该信息限定为具备“重要性”的内幕信息。

4. 内幕信息还应当是真实的信息，但操纵证券市场时并不必须利用真实的信息，行为人可以通过散布虚假信息的方式扰乱市场获得非法利益。

总之，联合买卖时所利用的“信息优势”不必以内幕交易、泄露内幕信息罪中的内幕信息为限。

---

① 参见刘宪权：《证券期货犯罪理论与实务》，商务印书馆2005年版，第437页。

二、连续买卖行为分析

所谓连续买卖，是指行为人以影响行情为目的，对某种证券连续买进卖出，以显示该证券交易活跃，给人形成见涨或者见跌的印象，诱使其他投资大众信以为真而上当受骗，操纵者则通过连续买卖的行为，达到抬高或者压低证券交易价格的目的，从而控制价格并从中渔利。[①] 如上所述，《刑法》第182条对连续买卖与联合买卖做了合并规定，因此，前文关于资金优势、持股优势与信息优势，关于合谋的论述也适用于连续买卖行为，此处不再赘述。关于连续买卖要讨论的问题主要包括如下几点：连续买卖的次数、连续买卖的时间限制、连续买卖的操作方法。下文中将分别加以阐述。

（一）连续买卖的次数

对于几次交易构成连续买卖的问题，无论中国法还是外国法，也无论是立法规定还是司法实践中都未达成一致意见。例如，在各证券交易发达国家中，只有澳大利亚《证券法》规定在任何时间买卖同一公司证券只要超过一次，就可构成连续买卖。[②] 关于是否两次以上的交易即可构成连续买卖的问题，我国研究界也给出了不同的回答，如有观点认为：投资者每笔买卖委托成交或期限结束后，再一次对同种证券进行同交易方向上的委托，就可构成连续交易，[③] 该观点与澳大利亚法的做法完全一致，采用了最为严格的限定连续买卖的姿态。但这种做法显然过于极端，首先，该观点违背了证券交易的实际状况，如果按照该观点的要求，则任何投资者只能买卖一次某种股票，这显然违反了证券交易的自愿原则，而且，上市公司经常会根据市场变化抛出或回购自己的股票，如果禁止两

① 参见刘宪权：《证券期货犯罪理论与实务》，商务印书馆2005年版，第437页。

② 马松建：《论操纵证券市场罪的几个问题》，载《法学评论》1999年第6期。

③ 参见张军主编：《破坏金融管理秩序罪》，中国人民公安大学出版社1999年版，第361页。

次以上的买卖的话，则上市公司将无法生存与发展。其次，该观点将禁止的交易限定为同方向上的买卖，这种做法也并不妥当，理由正如联合买卖部分所述，相对或同向交易都会起到扰乱市场的作用，因而没有必要限定为同向买卖。因此，笔者认为，两次以上对同一证券实施买卖即可能构成连续买卖，但至于是否真正构成，还需参考交易间隔时间等要素进行判断。

另一问题是如何理解“一次交易”的含义，因为证券交易不同于普通商品的买卖，因为多数情形下存在着先委托后买卖的交易过程，关于应将一次委托视为一次交易的问题，研究界并未达成一致的见解，主要有如下三种观点：

1. 一次委托说，该观点认为一次委托构成一次交易，无须分析交易的实际次数，即只要委托人实施了一次委托便认为交易完成。①

2. 一次交易说，该观点认为无论委托人实施了多少次委托，应以每次招标购买、要约出售或实际成交视为一次交易，如果同一委托分为多次实施的，则视为多次交易，以防止委托人将一次委托分割开来实施多次交易以规避法律的惩处。②

3. 具体分析说，该观点认为在委托交易的情形中，可以将一次委托视为一次交易，原因在于委托交易时，委托人只提出委托申请而不具体确定交易的时间、交易量与交易价格，一般情况下，一次委托只能引发一次交易，此外，证券商一般分为承销商、自营商、经纪商与综合商四种，自营商与综合商都可以自主实施买卖，无须委托，因而如果非要限定为一次委托等于一次交易，则无法对自营商与综合商的连续买卖行为进行处罚。即使出现一次委托引发多次买卖的情况，法律也仍可作为多次买卖操作市场的行为进行处

---

① 参见张军主编：《破坏金融管理秩序罪》，中国人民公安大学出版社 1999 年版，第 361 页。

② 参见邵延杰主编：《证券法》，法律出版社 1999 年版，第 232 页。

罚，因而无须担心立法漏洞的出现。

（二）连续买卖的时间限制

关于连续买卖时间的判断标准，研究界也仍未达成一致意见。如果按照澳大利亚证券法的做法，则任何时间内的买卖都会构成连续买卖，这种做法显然不妥。另有观点认为，虽然可以容许两次交易，但如果该两次交易发生在同一交易日内，则构成连续买卖。①

笔者认为该观点有欠稳妥，首先，两次交易即有可能构成连续买卖，其次，按照现行制度设计，投资者不可能在同一交易日内进行买入又卖出或者卖出又买入的反向操作。因此，连续买卖的时间应做更为广泛的限定。不妨在 5 个交易日内做出选择。理由在于：首先，中国证券市场实行的是“T + 1”的交易模式，即对同一证券买入或卖出后需等待下一交易日内方可卖出或买入，因此，如果行为人实施相对连续买卖，则必须利用两个交易日分别实行。其次，5 个交易日以内的大规模买卖都会对某一证券的交易价格或交易量造成影响，而在时间间隔过长时，如 10 个交易日时，这种影响便变得微乎其微了。再次，为防止操纵证券市场或内幕交易行为的迭发，证券业界一直在呼吁引进欧美的“T + 5”交易模式，即任何人在购入或抛售某证券后必须在 5 个交易日后方可实施反向操作，在该问题上，连续买卖的限定规定不妨先行一步。最后，需作说明的是，这种 5 个交易日的限定针对的只是反向买卖行为，对于在同一交易日内连续抛售或收购的行为，自应严厉加以制止。

（三）连续买卖的操作方法

刑法与证券法在规定本行为时，都设置了“单独或者合谋”的前提，即本行为也可以单独实行，也可以由两人以上通谋实行，并且在证券交易实践中，本行为多由双方行为人联合实施，常见的操纵形式是双方预先约定交易股票、交易日期、交易量等，而后由一方行为人负责连续抛售证券，由另一方行为人跟进连续收购，以

① 参见刘宪权：《证券期货犯罪理论与实务》，商务印书馆 2005 年版，第 438 页。

造成该证券交易异常活跃的假象，吸引普通投资者买卖该股票。但这只是最常见的连续买卖方法，并非该行为样态的全部。如果行为人具备足够的资金优势，则他可以分期分批地对某一证券进行收购，而如果其收购量超过一定的限度，同样可以造成该证券的市场交易行情的异常活跃，而在行为人持有足够份额的某证券时，他也可以凭借陆续抛售该证券的方式实施操纵，而在行为人预先获知不为普通投资者所知悉的重要信息时，他可以提前做好买卖某证券的准备工作，在该信息公布后该证券市场交易行情发生变动时，行为人立即开始连续交易以起到推波助澜的作用，同样可以造成证券交易价格或交易量的异动。

此外，本连续买卖行为在合谋实施时，不以合谋者的相对买卖为限，即使是同为抛售或收购的同向连续买卖行为也可以造成证券交易行情的异常变动。例如，在某公司股票的市价为 5 亿元时，行为人甲与乙各自将手中持有的价值 2000 万元的股票陆续抛出，即使只是卖出行为，但市价共计 4000 万元的股票的抛售也足以对其市场交易行情造成巨大刺激，也足以被认定为操纵证券市场行为。并且在实践中，行为人常用的操纵方式之一便是将手中的部分股票陆续抛售，以造成交易繁盛的假象，吸引股价上涨，那么即使不再实施回购行为，仅凭借股价的上涨与手中剩余的股票就足以赚取巨额利益了。

此外，连续买卖不仅包括实际成交的买卖行为，还包括未能达成交易的报价行为，因为在行为人连续发出针对某一证券的报价时，即使未能达成实际交易，该报价也会被电子交易系统所显示出来，同样会给不知情的投资者造成该证券买卖繁荣的假象，因而也就有可能导致操纵证券市场的结果。当然，此时还需要根据其他客观事实判断行为人的主观意图，如果行为人自始就没有实际达成交易的意愿，而是希望通过这种先虚假报价随即撤销交易委托的方式实施操纵的话，则可能构成违约交割行为，而在行为人并不具有上述意图，而是出于其他违法目的，如希望通过连续报价逐步推动股价上涨以谋取非法利益，只是因客观原因而未能将报价转换为实际交易时，则可能构成以连续买卖的方式操纵证券市场的行为。

三、通谋买卖行为分析

由于刑法与证券法都是将通谋买卖行为与空买空卖行为规定在同一条款中，并且设置了共同的“与他人串通”的前提，因此，一般将这两类行为统称为“串通买卖行为”。本书也遵从立法理念，以串通买卖行为作为通谋买卖与空买空卖两行为的上位概念，并将通谋买卖行为与空买空卖行为分别加以论述。对于通谋买卖行为，也有见解仿照外国法将其称为“相对委托行为”或“对敲行为”，但如无特别说明，本书中将一律采用“通谋买卖行为”的表述。

根据《刑法》第182条与《证券法》第77条的规定，所谓通谋买卖行为是指与他人串通，以事先约定的时间、价格和方式相互进行证券交易，影响证券交易价格或者证券交易量的行为。研究界一般也以立法为根据，将本行为概括为：参与证券交易的双方（有时可能是多方）分别扮演买方和卖方，由一方做出交易委托，另一方按照约定好的时间、地点和方式，以相同的数量、价格委托证券商，并达成交易的行为。[①] 通谋买卖与前述合谋的联合买卖和连续买卖最大的不同在于：通谋买卖一般表现为双方行为人之间的相互买卖行为，即由一方当事人负责抛售或收购，而由另一方当事人负责实施反向操作，与之相对，合谋的联合或连续买卖则表现为双方及多方行为人的同向买卖行为，即双方或多方行为人同时进行抛售或收购行为。此外，与联合或连续买卖相比，通谋买卖无须具备资金、持股或信息优势，因为该交易是以相对且反复的方式实施，即使每次投入的资金或利用的股份并不巨大，但每一次实施都

① 参见王作富主编：《刑法分则实务研究》，中国方正出版社2007年版，第550页。

可以抬高或压低证券价格，从而以一种缓慢却有序的方式实现预定目标，即只要双方行为人不断实施相对操作，便可以刺激证券交易致其异常活跃，从而诱使普通投资者陷入错误的投资判断。

由于法条中设定了“以事先约定的时间、价格和方式”的限制条件，因此，有观点认为构成本行为必须具备时间的相似性、价格的相似性和数量的一致性三个条件。[①] 对此，笔者不能完全赞同，因为立法要求的是三要素是“时间、价格和方式”，而并未涉及数量问题，因此，不应将数量作为条件之一，此外，在通谋买卖中，尤其是在网上交易中，双方行为人的交易量并不必然也不可能完全相等，因此，强行要求“数量的一致性”可能会造成脱法行为的大量出现。还可作为佐证的是：美国证券法与日本证券法在处理该问题时同样不要求交易数量方面的一致性。

笔者认为，通谋买卖成立所需具备的交易要素如下：

1. 交易时间的相似性，即行为人达成在某一时间段内实施交易的约定，该时间段可以是某一交易日内的某段时间，也可以是某一具体交易日，还可以是某几个交易日，并且，买入与卖出的时间也不必完全相同，即可以由一方行为人先行卖出或买入，而后在该交易日的剩余时间内或者在此后的较近的交易日内由另一方行为人实施反向操作。总之，时间方面要求的是相似性而非一致性。

2. 交易价格的相似性，既然允许买卖行为的交叉实施，那么交易价格便不可能完全等同，只要该价格波动并未过于偏离行为人约定的幅度，便可以认定具有相似性。总之，价格方面要求的同样是相似性而非一致性。

3. 交易方式的相似性，该方式包括交易量也包括交易场所、方法等，在交易量方面，特别是在证券市场交易中，由于投资者仅关心交易价格与交易量而不在乎交易对方的身份，因此在交叉买卖

---

① 参见张军主编：《破坏金融管理秩序罪》，中国人民公安大学出版社 1999 年版，第 363～364 页。

时，交易量很有可能无法实现完全相同，只要行为人之间达成的交易量大体一致即可。此外，在交易场所与交易方法方面，虽然一般的通谋买卖都是利用证券市场，特别是网上交易系统实施的，但一方实施柜台交易，另一方实施证券市场交易时同样可以扰乱市场，因此，也无须行为人的交易场所与方法完全相同。总之，通谋买卖的交易要素可以概括为交易时间、交易价格与交易方法的相似性。

除此之外，通谋买卖的成立还需具备如下几项条件：

1. 两个以上的行为人并且彼此之间有意思联络，如果依据立法要求的“与他人通谋，以事先约定”，则这种意思联络应在实施交易前达成，但笔者认为不必作此限定，原因在于：虽然大多数通谋买卖都是在交易前已经就交易时间、价格和方法达成了共识，但也存在在实施过程中逐步达成通谋的情形，如果强硬地将这种通谋理解为事先通谋，则违背证券交易的实践，并且也与刑法理论中将通谋分为事先通谋与事中通谋的通说相悖。

2. 行为人存在直接故意，即行为人具有共同获取不正当利益或者转嫁风险的目的，当然，本行为的构成不以行为人实际获得了非法利益或转嫁了风险为必要。

3. 行为人实施了相对买卖行为，虽然实践中这种买卖行为一般需在反复进行后方可达到操纵证券交易价格或交易量的目的，但在认定构成本行为时，不必以交易的反复实施为要件，只要行为人实施一次交易便可能构成本罪。因为，如果行为人具备足够的资金、持股或信息等优势，则一次相对买卖就足以影响证券交易行情，做出这种认定也是为了与合谋的联合买卖或连续买卖间实现无缝链接，因为联合或连续买卖都是同向交易，如果将相对交易的通谋买卖规定为两次以上的话，则可能出现实施一次相对交易扰乱了证券市场，但却无法作为联合或连续买卖（不符合同向交易特征），也无法作为通谋买卖（不符合两次以上交易特征）的立法漏洞了。这或许便是立法中规定通谋买卖时并未设定利用资源优势与买卖次数的限制的原因所在。

四、空买空卖行为分析

根据《刑法》第 182 条的规定，所谓空买空卖是指行为人相互串通，以事先约定的时间、价格和方式相互买卖证券的行为。仅就内容上来看，该规定似乎针对的是非法的融资融券行为，所谓融资融券，是指投资者在看好某种证券意图购入时，由于所持资金不足而预先向证券商借款以买入该证券，待价格上涨抛售后再还本付息，或者投资者看好某证券后，由于资金不足而预先向证券商借来该证券，待价格上涨抛售后再还本付息的交易方式，是一种为加速资金周转而设置的良性透支型交易模式。

在认可融资融券的国家，交易人之间可以对自己并未真正持有的证券实施买卖，但这些国家的证券法一般都规定必须由投资者向证券商缴纳一定数额的保证金，以免证券交易行情达不到预期效果时令证券商血本无归，同时也对违反规定进行融资融券的行为进行严厉惩罚。但问题在于，由于我国的证券市场建设尚处于初级阶段，因而对融资融券采用了严格限制的态度，因此，如果认定《刑法》第 182 条的相关规定是对非法融资融券行为的禁止，则该条款的设置显然就失去实际意义了。

但还需指出的是，虽然目前中国的证券市场并不允许融资融券，但随着市场成熟度的增强，该制度总有一天会被引入中国，因此，即使将刑法的相关规定理解为对非法融资融券的禁止也不无道理，但仅凭刑法简单地设定犯罪构成要件是不妥当的，对于非法融资融券的禁止更多地还需依赖证券法律法规的补充与完善。对于该条款，通说认为，其规定的是对空买空卖行为的禁止，即由一方行为人虚假地提出报价要约，而由另一方行为人对此进行虚假承诺，但并不真正完成交易。构成空买空卖行为须具备如下几项要件：

1. 存在两方以上的行为人，因为该条款为本行为设置了“与他人串通”的前提，并规定为“相互买卖”，故而本行为与通谋买卖相同，不能由一方行为人单独实施。

2. 交易行为是出售与购买的相对买卖，并且，该出售表现为虚假的报价要约，该购买也表现为虚假的承诺要约，反之亦然，这种相对买卖行为并未最终完成，如果完成，则可能构成通谋买卖。

3. 交易的对象是行为人并不持有的证券，而不限于非其所有的证券，只要该证券在行为人的实际控制下，即使其账户名义人并非行为人，也构成持有。

4. 关于“与他人串通”、“以事先约定的时间、价格和方式”等要件的含义及需要改进之处已在前文的“通谋买卖行为分析”部分中做过研讨，此处不再赘述。

五、自买自卖行为分析

自买自卖行为，是指以自己为交易对象，进行不转移证券所有权的自买自卖，影响证券交易价格或者证券交易量的行为。该行为一般被俗称为“洗售行为”，这种称呼源于美国法中的“wash sale”一词，日本法中将之归类于“假装买卖”，台湾地区相关法律中则称之为“冲洗买卖”。对于此处的“以自己为交易对象”、“不转移证券所有权”需做广义理解，即“以自己为交易对象”是指行为人实际上是在进行自我买卖，而不管交易账户的名义人是谁，“不转移证券所有权”也是指实际控制证券的所有的行为人并未发生改变，而非单纯的证券所述名义人的不改变，换言之，证券的实质所有权（beneficial ownership）并未发生改变，该术语源于美国1934年《证券交易法》第9条a项：在美国凡有权以证券之所得收益用以支付费用；对股票的买卖及代表权之行使有控制能力；于现在或不久的将来可以将股票变更为自己名义者，视为实质所有权人。[①] 而在日本锻工股票事件中，法院指出所谓的“权利移转”，如果从犯罪主体方面来看，则是指实质性权利归属主体的变

---

① 陈建旭：《关于操纵证券市场罪的比较研究——以日本与中国台湾地区为比较对象》，载《北方论丛》2006年第3期，第150页。

更。而所谓实质性权利，则是指对于该有价证券的实质性支配与处分权能，即必须根据行为人对于该有价证券的买进或卖出是否具有决定权来作考虑。而假装买卖中的“权利移转”是指，在外观上虽然有买卖交易行为之进行，但是实质性权利的归属主体却仍是同一人，并未发生变更。①

一般认为在实践中，自买自卖行为分为两种方式：（1）行为人利用自己的同一账户买入后又卖出证券或者卖出后又买入证券；（2）行为人利用实际控制的多个账户，在部分账户上实施买入或卖出操作，而在其他账户上实施相反的卖出或买入操作。由于各国证券法都对同一账户的对同一证券在短时间内的买入卖出行为进行严格的规制，而且我国证券交易采用的都是账户实名制，因此，虽然理论上可以在自己的同一账户中进行相对买卖，但实践中很难做到，故而自买自卖行为主要在行为人控制的多个账户间相互进行。

根据实务部门的研究，行为人实际控制账户的方式主要有如下三种：

1. 使用资金关系相互关联的不同名称的股东账户，即股东只是账户的名义所有人，账户的实际资金来源与资金流向都由实际控制人所操纵。这是实际控制人在使用巨额资金时，为了突破单个股东账户持有证券的上限规定，掩盖巨额持有的证券而不申报，并隐蔽地在不同账户之间进行买卖的控制方式。

2. 使用资金关系不存在关联的不同名称的股东账户，即虽然股东是账户的实际所有人，资金来源与资金流向也并不完全属于实际控制人所有，但这些账户的交易行为却都是受到实际控制人的控制的。

3. 证券公司自营证券时使用的股东账户与资金账户，即所有

① 参见陈建旭：《关于操纵证券市场罪的比较研究——以日本与中国台湾地区为比较对象》，载《北方论丛》2006 年第 3 期，第 150 页。

人和实际控制人都是证券公司。[①]

一般认为利用不同账户自买自卖的行为包括三种交易方式：

1. 冲销转账，是指行为人利用不同的身份申请数个不同的账户，而后以冲销转账的方式在各个账户间反复作价，从而只需付出少额的交易手续费便可以达到操纵证券市场的目的。

2. 拉锯，是指行为人在不同的证券代理商处开设账户，而后针对某证券采用拉锯的方式反复作价，即从某一证券代理商的账户卖出或买入后，再从另一证券代理商处买入或卖出，以造成该证券交易异常活跃的假象，操纵证券市场。

3. 洗售，是最常见的自买自卖方式，是指行为人利用不同的身份开设数个账户后，从部分账户卖出或买入该证券，而后从其他账户买入或者卖出该证券，以造成该证券交易异常活跃的假象，操纵证券市场。

无论采用何种方式，被交易股票的所有权实际仍被控制在行为人手中，因此，其实际的所有权并未发生改变，故而，有论述将本行为称为不转移所有权的买卖行为，《刑法》第 182 条与证券法第 77 条也采用该表述。

但笔者认为，所有权的概念更多的是在民法中被使用，而民法中判断所有权时更注重对形式上的权利人的认定，尤其是在类似证券的有价票据的所有权认定问题上，如果严格地遵循民法理论，则账户的名义人便是该证券的所有权人，如果行为人利用不同的账户进行交易，则完全可以认为该交易已经导致了所有权的转移，从而被自买自卖行为人所利用，造成脱法行为的迭生。因此，本行为还是称为自买自卖行为更为妥当，与之相对应的是刑法与证券法也应作出相应的修订，删除“不转移所有权的”的表述方式，改为“在自己控制的账户间进行买卖”，这样可以避免在证监会处罚或

---

① 朱亮：《证券公司审计中查证操纵证券市场行为的方法分析》，载《广东审计》2007 年第 4 期。

法院审判类似案件时，被告坚持以民法理论解释所有权并未转移而造成相应的不便。

自买自卖行为的成立须具备如下要件：

1. 行为人买入或者卖出的证券与其卖出或者买入的证券是同一证券，即证券的交易方向恰恰相反。

2. 行为人买入或者卖出证券的时间间隔较近，一般都是发生在同一交易日内，但并不以发生在同一交易日内为限，笔者认为5个交易日内的相对买卖行为都可构成自买自卖行为。

3. 行为人买入或者卖出证券的价格与数量具有相似性而非一致性，即只要行为人买卖的证券价格与数量大致相同即可，而不必也不可能完全等同。

4. 行为人明知自己实施的交易并未实际转移证券的所有权，而这种交易具有虚假造市性，但行为人还是希望或放任该危害结果的发生。并且，行为人一般具有通过虚假交易刺激该证券交易行情异常活跃，以达到获取非法利益或者转嫁风险的目的。

5. 交易账户可能是一个也可能是多个，账户名义人可能是一人也可能是多人，但该账户实际上都被控制在某一人或某些人的手中，对证券的控制权并未因交易而发生实际的改变。

六、散布虚假或误导性信息以操纵证券市场的行为分析

欧美法以及日本法都将以操纵证券市场为目的散布虚假信息的行为作为操纵证券市场罪的一种方式，而台湾地区的“证券交易法”则将其单独列出，受台湾地区相关法律影响，大陆证券法也将该行为作为独立的犯罪。关于独立规定的理由，可以举出如下几点：

1. 证券市场是高度依赖信息的市场，其对信息的敏感度远高于其他市场，因此，将编造并传播证券交易虚假信息的行为单独规定为犯罪体现出了立法对保护信息真实度的重视。

2. 一般情况下，编造并传播证券交易虚假信息的目的都是操纵证券市场，但也并不尽然，有时行为人编造并传播证券交易虚假

信息的目的是报复某公司或者是扰乱市场，因此，如果仿照欧美及日本法将该行为限定为以操纵证券市场为目的而散布虚假信息行为的话，对于不出于本目的的散布虚假信息行为就无法进行处罚了。

3. 操纵证券市场时可以利用信息优势实施，但此时通常利用的都是真实信息，如果将散布虚假信息与利用信息优势操纵证券市场规定在一起，可能造成法条表述上的混乱。

4. 操纵证券市场行为更具隐蔽性，常与正常的交易行为混杂而难以判断，与之相对，编造并传播证券交易虚假信息的行为更容易认定，因此，没有将两者混在一起的必要。

对于上述观点，笔者提出如下反对意见：

1. 证券市场确实是高度依赖于信息的市场，也确实有必要强调散布虚假信息扰乱证券市场的危害性，但这不足以作为将本行为单独规定为一罪的理由，刑法单独规定某种罪名的主要目的是其与其他罪名存在较大差别，是出于司法查处的便宜需要，而非本罪重要与否。

2. 散布虚假信息一般是出于操纵证券市场的目的，鉴于两行为常存在密切联系，应纳入同一罪名中以方便处置。如果规定为两个独立罪名，则在行为人出于操纵证券市场的目的散布虚假信息时，还需从牵连犯的理论出发进行分析，这其中会涉及对散布虚假信息的手段行为、对操纵证券市场的目的行为，对手段行为与目的行为之间的牵连性，对行为人实施了两种行为的客观要件的举证等复杂的构成要件的判断，此外，根据牵连犯的从一重处罚原则，应择一重罪论处，而现行刑法中两罪的法定刑一致，因而又会出现可以处罚却不好定罪的尴尬问题。

3. 操纵证券市场一般以获取非法利益或者转嫁风险为目的，但并非目的犯，以其他目的操纵了证券交易行情的行为同样可以处罚，因此，对于不是以操纵证券市场为目的的散布虚假信息行为，只要该行为扰乱了证券交易行情，依然可以进行处罚。虽然外国法将散布虚假信息作为操纵证券市场罪的行为方式之一，但也并非认为散布虚假信息行为必须具有获取非法利益或者转嫁风险的目的。

4. 利用信息优势操纵证券市场时的信息并不以真实信息为限，利用虚假的信息同样可以操纵证券交易行情，因此，该罪中的“信息”完全可以涵盖散布虚假信息罪中的“信息”。

5. 在实践中，散布虚假信息的行为远比操纵证券市场的行为更难查处，前述观点中的第 4 点完全是对证券犯罪实际状况的无视与曲解，作为理由根本无法成立。

6. 作为操纵证券市场罪的起源的案件便是利用散布虚假信息以操纵证券市场的案例，即 1814 年的 Rex v. de Berenger 事件①，正是以此案为契机，英国法将散布虚假信息作为了操纵证券市场罪的行为方式之一，此后的欧美法大多遵循了该模式，并且在实践中也取得了良好的处置效果，因此，无论从借鉴外国先进经验还是必将成为发展趋势的跨国查处证券犯罪的立场出发，都应将散布虚假信息作为操纵证券市场罪的行为方式之一种。

总之，笔者认为鉴于两罪存在众多共通之处，因而应将散布虚假信息行为纳入操纵证券市场罪之中，或者如日本法一般，将其作为操纵证券市场罪的补充。

关于本行为的名称，有研究者称之为“蛊惑交易操纵”，② 笔者认为称为“散布虚假或误导性信息”更为妥当。首先是关于“散布”一词，虽然现行刑法与证券法中都称之为“编造并传播证券交易虚假信息”，但实际上单纯的编造虚假信息行为并不会遭受处罚，查处机关的着眼点在于传播行为，如此看来，编造一词纯属

① 3M. & S. 67,105 Eng. Rep. 536（K. B. 1814）. 案情详见附录部分。

② 杜卫东在《操纵证券市场行为探析》（载《法制与经济》2008 年第 7 期）中采用该称呼，并将该行为描述为“操纵市场的行为人故意编造、传播、散布虚假重大信息，误导投资者的投资决策，使市场出现预期中的变动而自己获利”。笔者赞同这种将编造、传播、散布虚假信息以操纵证券市场的行为列入操纵证券市场罪的做法，但却对将之称为“蛊惑交易操纵”的见解不敢苟同，因为“蛊惑”一词的含义过于宽泛、模糊，很难使读者了解本行为的实际表现。

多余。而且“散布”一词比“传播”更具有向广泛且不特定的范围传递的意思，也更符合本行为的特征。

关于本行为的构成要件，笔者认为应着重强调如下几点：

1. 在本行为的客体方面，本行为同样侵犯了投资者权益、证券市场的运营秩序与国家对证券交易的管理制度三重客体，但本行为侵犯的主要对象是证券市场的运营秩序中的信息披露制度，对于其他两重客体的侵犯都是侵犯信息披露制度的波及效果。

2. 在本行为的客观方面，表现为行为人散布了与证券交易相关的虚假信息，关于该虚假信息的范围，有观点认为应等同于证券法律法规中规定的内幕信息的范围，但通说认为不必以内幕信息的范围为限，而应根据证券市场的反应确定，如果市场反应强烈，则构成影响证券交易的虚假信息，反之则不然。①

笔者对此持赞同态度，理由可以举出如下几点：

1. 内幕信息应当是真实的信息，而本行为利用的是虚假信息，两种信息之间自然无法画等号。

2. 虽然内幕信息都是可以影响证券交易行情的重要信息，但影响证券交易行情的信息并非都是内幕信息，是否影响证券交易行情还需根据该信息的性质、该证券对信息的依赖程度、该证券的市场交易现状等因素进行判断。

3. 利用信息优势的联合或连续买卖行为中的信息也不等同于内幕信息，因此，作为与联合或连续买卖行为并列的本行为中的信息范围自然也无须与内幕信息保持一致。

4. 重点在于本行为利用的是虚假信息，该虚假信息的市场影响力必须依赖于交易现状进行分析，如果做过多的限制则将影响对本行为的定罪。其次，关于“虚假或误导性信息”的表述。增加了“误导性”一词的是美国 1934 年《证券交易法》，以展示

① 参见张军主编：《破坏金融管理秩序罪》，中国人民公安大学出版社 1999 年版，第 314、315 页。

出“虚假”与“误导性”之间的差别，受此启发，笔者也认为“误导性信息”不同于“虚假信息”。所谓“虚假信息”，应当是指信息内容中包含有虚构、伪造等要素的信息，如亏损的上市公司在其业绩报告书中宣称实现了盈利，或者季度盈利为五百万的公司在其业绩报告书中宣称盈利五千万等。与之相对，“误导性信息”则可能是真实但却不全面或故意使用模糊用语的信息，如上市公司在业绩报告书中仅披露其所获利润但却隐瞒了巨额亏损的消息。换言之，“误导性信息”在内容上可能是完全真实的，但只是不全面，因而其可能完全有别于“虚假信息”。如果不增加“误导性信息”的规定，则无法对散布具有真实性但却不全面的信息的行为进行处罚。

此外，还需分析的是：在现实中经常会出现股票分析师、媒体记者故意散布虚假或误导性的股评或新闻报道以影响证券交易的问题，对于该类虚假或误导性股评或媒体报道是否能作为散布虚假或误导性信息行为处置。笔者认为对于该问题，主要须判断行为人是否是故意做出虚假或误导性的股评或报道，是否具有操纵证券市场的目的，而这种判断又需要从实际状况出发，利用客观要素进行推证，如果根据行为人的身份，其本应或已经获知了真实信息，而做出的股评或报道明显与真实信息背道而驰，则可以认定行为人是故意做出歪曲的股评或报道，具有操纵证券市场的目的。如果行为人不可能获知真实信息，其股评或报道不过是主观臆测的结论，则无须认定为构成本罪。至多是由于过失而提供了虚假或误导性信息，可以由相关部门给以行政处罚。

对于股评者或媒体，外国证券法大多规定有阳光法，即要求相关人员在进行评论或报道时必须首先公开自己的身份，普通投资者可以对其身份进行查询以判断其预测能力或是否与某些特殊利益集团存在幕后关联，而后由投资者自主判断此人是在客观公正地进行预测或报道还是为某些利益集团服务，以便决定是否相信其预测或报道，这一点是与惩罚散布虚假或误导性信息的机制密切联系的规制手段，通过这种事前公开附加事后处罚的双管齐下规制措施，才能有效地制约散布虚假或误导性信息的行为，而前一点正是目前的中国证券市场所欠缺的。

七、提供虚假或误导性信息以操纵证券市场的行为分析

美国证券法中将本行为称为“提供虚假或误导性信息”，是指以引诱他人购买相关证券为目的，在明知的前提下对某些重要事实进行虚假或误导性陈述，该行为与散布虚假信息行为不同，并不要求行为人对虚假或误导性陈述进行广泛的宣传，只要是面向少数人进行虚假或误导性陈述即可。而欧盟法则将本行为作为散布虚假信息的一种。虽然欧盟法规定本行为时使用了“散布”一词，但法条同时指出任何形式的散布，无论是通过互联网的广泛传播还是利用书面甚至口头的小范围内告知都构成散布。

笔者认为美国的规定方式更为合理，因为“散布”一词毕竟给人一种广泛传播的感觉，不如提供显得范围更窄、更具针对性。既然前文中已将散布虚假或误导性信息作为独立的一种操纵证券市场方式，则此处称之为提供虚假或误导性信息以操纵证券市场更为妥当，便于区分两种行为，即前者是针对范围广泛的、不特定多数人的传播，而后者是小范围内的、对象特定的传递。

在行为人的主观要件方面，美国法要求行为人应当具有“引诱他人购买相关证券的目的”，并且行为人是在“明知”的前提下实施的，换言之，如果按照中国刑法的犯罪主观要件理论，美国法认为实施本行为必须限于直接故意，与之相对，欧盟指令并不要求行为人在散布虚假信息时必须具有引诱交易的目的，而是认为过失也可能构成散布，即如果行为人在散布信息时知道或应当知道该信息的虚假或误导性，则可能构成本罪，换言之，欧盟法认为本行为可以由故意也可以由过失构成。

笔者认为，与散布虚假或误导性信息行为的主观要件相同，提供虚假或误导性信息行为的主观方面应限于故意，但不以直接故意

为限，即行为人明知自己提供虚假或误导性信息的行为会发生扰乱证券交易行情的结果而希望或放任该结果的发生时，都符合本罪的主观构成要件，换言之，本行为并非目的犯，不要求行为人必须具备引诱他人进行相关证券买卖的目的。

并且，本行为也属于行为犯，即只要行为人提供了虚假或误导性信息即可构成犯罪，而无须该提供行为对证券的价格或交易量造成重大影响，甚至也不要求行为人在提供后又实施了相关交易行为，因为行为人很可能在提供虚假或误导性信息后并不购买股票而是从委托人处索取报酬，如果以行为人实施交易为要件，则无法对该类行为进行惩治。

因此，提供虚假或误导性信息以操纵证券市场行为可以概括为：行为人明知某信息属于虚假或误导性信息而将其提供给其他人员，从而引发或可能引发相关证券交易发生异常变动的行为。

八、安定操纵行为分析

如上所述，美国证券法与日本证券法都明确规定了安定操纵行为，根据美国1934年《证券交易法》第9条a款第6项的规定，所谓安定操纵是指为了限定、固定或稳定证券的价格而单独或与他人合谋对该证券进行连续交易的行为，而根据日本《金融商品交易法》第159条的规定，安定操纵是指出于使证券价格稳定、固定或安定的目的而进行连续买卖的行为或其委托与受托行为。

美日两国证券法对安定操纵行为的规定大同小异，共同之处有：都规定本行为是出于使证券价格保持稳定的目的，都规定本行为是以连续交易的方式实施的，但不同之处在于：美国法规定本行为既可以单独实施也可以与他人合谋实施，而日本法未涉及这一点，此外，日本法明文规定本行为的委托与受托行为也构成犯罪，而美国法对此欠缺明确规定。如果综合两国证券法的规定，则可以对安定操纵行为设定如下定义：是指为了限定、稳定或固定证券价格而单独或与他人合谋对相关证券进行连续买卖的行为。

由此可见，安定操纵行为中可能同时包含连续买卖、联合买卖等其他操纵行为，无法单纯地从行为的实施方式上进行认定，而须依据行为人是否具有使证券价格保持稳定的主观目的进行判断。因此，不同于其他的操纵行为，安定操纵原则上是合法的，只有在违反法定规则实施时才构成犯罪。

关于本行为究竟是合法还是违法行为的问题也存在争论。合法说认为：（1）安定操纵是操纵市场价格的否定类型，因为操作的目的在于减缓市场的波动，而非经济的创造市场活动；（2）安定操纵是为了保证发行公司能够以迅速而确定的方式取得所需要的资金。但是由于证券的募集或者抛售，大量的证券流入市场，使得证券市场中供求关系的平衡受到破坏，从而使证券价格跌落在承销价格之下，承销商在一般的投资者以承销价格买进证券之前，就在无形中积压了自己的资金，因此，如果不允许承销商进行安定操纵，则其与发行公司签订确定的承销合同的意愿就大大降低，最终影响了发行公司获得资金的可能性。①

对此，笔者认为虽然安定操纵有利于证券价格的稳定，从而保证法定公司等获得稳定的资金，但这些都是以牺牲或可能牺牲投资者的权益为代价的，就行为的性质上来看，该行为是一种欺诈行为，而就行为的危害性上来看，该行为实施时会诱发证券价格的飙升，停止时会导致证券价格的暴跌，这不仅是对投资者权益的侵害，更是对证券市场运营秩序的破坏，因而是应严加制止的。

对于安定操纵行为的定义，尚需做几点说明：

1. 安定操纵行为的目的是使相关证券的价格保持限定、稳定或固定，在证券交易中，由于价格会随着信息、交易量等因素随时发生改变，不可能在较长的时间内在某一价格波段内保持不动，而行为人特别是公司本身有时会需要该证券价格位于某一波段内或者

---

① 参见甘德健：《操纵证券市场的方式及其界定》，载《金融管理》2007 年第 8 期。

处于较为平稳的起伏状态，以便于实施收购、估算资产甚至为个人谋求私利，特别是在行为人先实施了联合或连续买卖而带动了证券价格虚涨的情况下，一旦这种大规模的联合或连续买卖停止，受操纵的证券价格必然会逐渐向真实价值方向回落，而此时为给予证券交易足够的刺激以保证价格的稳定，则行为人必须再不断进行买卖以制造其交易依旧繁盛的假象，这便是安定操纵行为的目的所在。

2. 如同联合或连续买卖般，安定操纵行为既可以单独实施也可以合谋实施，而在实践中，合谋实施的情况较为多见。

3. 安定操纵的行为方式表现为连续买卖，不包括联合买卖，原因在于安定操纵的目的是让证券价格在某一时段内保持稳定，而即使是资金雄厚或持股比率较大的一次性联合买卖也不可能达到使证券价格在较长时段内维持稳定的目的，这一时段一般是一个较长的时段，不会短到仅仅几分钟或几个小时，往往是连续的几个交易日，因此，如果想要在几个交易日内实施，则必须采用连续买卖的方式。

4. 安定操纵行为往往是作为联合或连续买卖行为的后续、补充行为而存在，但并非必然如此，而且安定操纵行为与联合或连续买卖行为之间上存在不少差别。例如，安定操纵行为的目的是使证券价格保持稳定，而联合或连续买卖行为则一般希望刺激证券价格尽可能走高，再如，安定操纵行为一般不会利用信息优势，利用的是资金或股份，并且，这种利用也并不必然是对资金或持股优势的利用，因为行为人的目的在于保持证券价格的稳定，而非刺激其持续攀升，所以，只要行为人拿出较少数额的金钱或股份，连续对相关证券进行交易就可以达到目的，总之，安定操纵行为的构成要件中不包括对“资金优势、持股优势或信息优势”的利用。而联合或连续买卖行为则至少要利用这三种优势中的一种。又如，安定操纵行为只能以连续买卖的方式实施，联合买卖不会构成安定操纵。因此，安定操纵是一种与联合或连续买卖关系密切但却独立存在的操纵证券市场的行为方式，也正因此，日本法中将其作为与操纵股价罪相并列的独立的证券犯罪加以规定。

我国刑法与证券法都未规定安定操纵行为，这不得不说是立法上的一大漏洞，随着我国证券市场的逐步发展、交易品种与交易主体的日渐增多，安定操纵行为已陆续出现，虽然按照现行刑法与证券法，可以将该类行为作为连续买卖行为处理，但正如上所述，认定连续买卖行为成立时必须首先认定行为人利用了资金优势或持股优势，而安定操纵行为则不必利用该类优势，因此，在行为人动用较小数额的资金稳定股价谋取利益时，则无法依据现行刑法对其进行惩处。有鉴于此，笔者认为应在修订刑法时，明文规定安定操纵行为构成犯罪，至于将其规定为与操纵证券市场罪并列的犯罪行为还是作为操纵证券市场罪之一种的问题，即究竟是采用日本法模式还是美国法模式的问题，笔者认为后者更为妥当，即在第 182 条中增加一款："为了限定、稳定或固定证券价格而单独或与他人合谋对相关证券进行连续买卖的行为"，作为操纵证券市场罪的一种行为方式。

九、违约交割行为分析

违约交割是台湾"证券交易法"的特色，欧美以及日本证券法中都未将本行为作为操纵证券市场罪之一种，而台湾地区相关法律认为本行为是证券市场上常见的操纵行为之一，如果不对其进行制止，则可能影响到证券市场的有序运作。违约交割是恶用证券交易的运用程序以操纵证券市场的方法，其具体做法一般是，行为人首先向证券公司提出买卖某证券的委托申请，证券公司必然需要向证券交易所报价，而后该申请会在证券市场上经过竞价达成初步协定，此时本应由行为人继续履行交易协定，但此时行为人却突然反悔，拒绝履行。如果行为人大量地或在短时间内持续地对某一证券做出这种虚假的交易申请，则该申请经过证券商以及交易所的反应后会给普通投资者一种该交易异常活跃的假象，由此便可以吸引投资者购买或者抛出该证券，从而达到行为人的目的。

以2003年的“久津实业”违约交割案为例，“久津实业”是台湾股市的饮料巨头。2008年1月时，该公司的股价尚在每股17.6元左右徘徊，但是到了3月4日时，其股价居然上升到每股30.9元，涨幅高达75%，原因便是“久津实业”的大股东与庄家联手操作，通过提交买卖申请后迅速撤单的方式制造该股票交易异常活跃的假象，刺激其交易走势趋向强劲，从而从中牟利。由于操盘手的操纵技巧高明，因而直到3月4日时仍未引起证监会的注意，但事件的揭发事由却颇具灰色幽默，因为此次违约交割的总金额高达30亿新台币，而台湾证券市场也早已成为黑社会敛财的重要手段，这30亿元的巨额财富令台湾黑帮甚为眼红，强行干预以希望从中分一杯羹。于是，“久津实业”的大股东与庄家不得不与黑帮反复讨价还价，经过多次协商，“久津实业”的大股东与庄家同意了黑帮的要求，承诺将在3月5日暂停操纵行为，以使股价稳定或适当回跌，好方便黑帮可以趁低价时收购，等黑帮收购完毕后，大股东与庄家再继续实施违约交割以进一步抬高股价实现有福同享。但遗憾的是，3月5日开盘后，由于操纵行为暂停，“久津实业”的股价开始下滑，而广大并不知情的投资者出于担忧开始抛出该股票，股价的下跌自然会引发连锁反应，而这种狂涨暴跌的情势也自然引起了台湾“证监会”的注意，这件台湾证券市场上有史以来最大的违约交割案件也被揭露了出来。

违约交割的实质在于行为人本就没有完成交易的意图，而是利用申请—报价—竞价—达成协定的交易过程制造假象，欺骗投资者，是一种诱骗投资者实施交易的行为，而本人并不完成交易，因此，也有观点将本行为称为违约不交割。虽然本行为也是诱骗投资者买卖证券，但却是操纵证券市场罪的行为方式之一，与《刑法》第181条第2款规定的诱骗投资者买卖证券罪存在很大差别。主要表现在如下几方面：

（1）主体不同，违约交割行为的主体是一般主体，任何在证券市场上进行投资的行为人都可以实施本行为，与之相对，诱骗投资者买卖证券罪的主体是特殊主体，仅限于证券交易所、证券公司的从业人员，证券业协会或证券管理部门的工作人员。

（2）行为方式不同，违约交割行为是先提出虚假的买卖申请而后拒绝履行协定的行为，与之相对，诱骗投资者买卖证券罪实施的是故意提供虚假信息或者伪造、变造、销毁交易记录，从而诱骗投资者买卖证券的行为。

（3）违约交割行为的目的在于通过虚假买卖申请抬高或者压低证券价格，操纵证券市场，着眼点较为宏观，与之相对，诱骗投资者买卖证券罪的目的在于通过提供虚假信息或交易记录诱使投资者买卖某证券，行为人并不追求其行为操纵了证券交易价格或者交易量，其着眼点较为微观、具体。

鉴于两种行为存在上述差异，因此，很难以《刑法》第 181 条的规定对违约交割行为进行规制，而且，鉴于这种虚假申请扰乱证券交易实况的做法在大陆证券市场上已颇为平常，故而笔者认为虽然现在可以依据《刑法》第 182 条中的“以其他方法操纵证券交易价格或交易量”的规定处罚，但最妥善的办法还是在修订刑法时明文将本行为规定为操纵证券市场罪之一种。唯有如此，才能有效地禁止该类行为的日渐泛滥。

此外，台湾地区相关法律关于本行为的规定及修订给大陆证券法提供的借鉴意义还在于：行为人在提出交易申请之初是否便具有违约交割的意图的问题是很难直接例证的，因此，立法不应过于苛求于行为人的“自始便不具有成交的意思”的主观要件，否则可能会在查处与审判该类行为时限于行为人是否具有该意思的争论，最终可能是控方的大量败诉。

换言之，应采用美国法的做法，允许以纯粹的客观证据推定行为人是否具有欺诈的意思，并且该违约交割的意思也不应限于行为人提起交易申请之时，因为在交易协定达成之前的任何时间点上，行为人都可能以欺诈的意思而虚伪地推动买卖申请，即行为人最初提出交易申请时可能是真心希望达成交易，但随着申请的进行，股价持续上涨时，行为人可能会贪图利益而萌生虚假操作的念头，这种情形也是可能构成违约交割的。但是，法律也不应强求行为人一旦提出交易申请就必须履行完毕，如果行为人出现其他必须终止交易的情形时，应当是可以允许其撤回买卖申请的。因此，应同时规定行为人在特殊情况出现而无法继续达成协定时的免除责任条款，以保障行为人的合法权益与交易自由。

因此，立法在规定本行为时，一方面应采用美国法模式，规定可以客观要件推定行为人是否具有违约的故意，同时也赋予其举证证明自己不得不中止履行协定的特殊情况以求得免责的权利，但对于这种中途违约的行为，也应赋予交易向对方依据民法、证券法等追究其违约责任或缔约过失责任的权利。

十、利用职权操纵证券市场行为分析

刑法与证券法都未明文规定该行为，但业界一般认为某些特殊主体，如证券业协会或证监会的高层管理人员是可以滥用职权，导致证券交易价格或交易量的异常变动的，因此，早在1993年《暂行办法》制定之时，第8条（6）便规定了该行为方式："利用职务便利，人为地压低或者抬高证券价格。"但由于《暂行办法》仅属于行政法规，无法用于追究刑事责任，因此，关于本行为能否构成犯罪的问题，尚存在不同意见。但通说认为，本行为在符合情节严重的要件时可以构成操纵证券市场罪，应以"以其他方法操纵证券交易价格或交易量"的补充规定处理。

笔者对此没有异议，但问题在于本行为的实施需要"利用职务便利"，但如果何为职务便利，如何利用等问题不能解释清楚的话，会给追究其刑事责任造成极大的不便。因此，笔者认为应明确规定本行为的构成要件，以免造成追究的不便。本行为应规定为：利用职务便利，人为地抬高或压低证券交易价格或证券交易量的行为，其特点如下：普通投资者不可能实施本行为，因此，本行为的主体应为特殊主体，是对证券的发行、交易拥有监管权限的部门及其工作人员，如证券公司或者上市公司的管理人员，再如证券业协会或证券监督管理委员会的工作人员，这些人员即使不进行交易，也可以凭借手中的权限，如证券公司的工作人员可以利用委托、报价的便利条件，通过利用时间差对证券的交易价格或交易量造成影响。如果行为人在实施利用职权的同时又进行买卖的，则需要对其两种行为之间的关系进行分析，在此以利用职权行为与联合买卖行为为例，如果行为人利用职权压低证券价格的目的是便于联合买卖的话，则利用职权行为应作为联合买卖行为手段行为处理，援引牵连犯理论以联合买卖行为处罚，如果行为人利用职权压低证券价格但无法达到预想效果，因此又实施联合买卖以继续压低证券价格时，这两种行为都构成操纵证券市场罪，属于选择行为，构成一个操纵证券市场罪。

十一、以其他方法操纵证券市场罪分析

除上述十种操纵方式外，有研究者指出还有如下几种方式也可能构成操纵证券市场罪：

1. 银行或其他金融机构及其工作人员违反金融管理法规，利用职务便利，将银行储备金等拆借给证券公司或者允许用于透支炒股。

2. 采取欲擒故纵、声东击西等方法，利用证券具有可比性、地区性、同行业性及关联性，会形成所谓“概念股”的特点，操纵者通常操纵“概念股”的“领头股”，以达到操纵交易价格的目的。

3. 利用修改计算机信息系统存储数据的方法，人为地操纵证券市场。[①] 对于第三种行为，笔者认为，由于《刑法修正案(七)》刚刚补充规定了非法侵入计算机信息系统罪的行为方式，

① 参见王晨：《证券期货犯罪的认定与处罚》，知识产权出版社2008年版，第342页。

故而本行为可能同时符合操纵证券市场罪与非法侵入计算机信息系统罪的构成要件，此时应作为想象竞合犯处理，由于前者的法定刑更重，因此应根据“从一重原则”以操纵证券市场罪论处。

4. 扎空，即庄家在坐庄时，为了自己坐庄的股票有涨价空间，先采取（非买卖）措施打压股价，股价的下跌必然导致散户产生恐慌心理，纷纷抛售手中的股票，此时庄家便趁机开始大规模收购。

第四章

操纵证券市场罪主体论

与《刑法》第180条关于内幕交易、泄露内幕信息罪的从行为人（内幕信息的知情人员或其他非法获知内幕信息的人员）的角度出发规定罪状的方式不同，《刑法》第182条对于操纵证券市场罪是从行为的角度（操纵证券交易价格或交易量）出发描述罪状的，并且，法条也并未对本罪的主体进行特别限制。因此，关于内幕交易、泄露内幕信息罪的犯罪主体究竟应如何界定的争论始终未能停息，但与之相对，关于如何界定本罪主体的争论则似乎自始就未曾出现过。普遍认为本罪的主体是一般主体，任何具有刑事责任能力的行为人都可以实施本行为，只有少数观点认为本罪的主体是特殊主体。此外，由于《刑法》第182条第2款规定本罪可以由单位实施，因此，关于如何区分自然人实施本罪与单位实施本罪的问题尚需略作研讨。下文中将首先围绕本罪主体是否是一般主体，自然人与单位实施本罪时有何区别两个问题展开讨论，而后再针对自然人中的金融机构从业人员与一般投资者之间在操纵证券市场方面的不同表现，对两类主体分别加以论述。

第一节　本罪主体概述

一、一般主体与特殊主体之争

如上所述，刑法中并未对本罪的主体进行任何限制，而证券法规定操纵证券市场行为时也指出是“任何人”，即本罪的主体是一般主体，任何人都可以实施本罪，无论是单位还是自然人都可以构成本罪主体。对于这一点本不应存在异议。但由于本罪属于经济犯罪，不同于杀人罪等自然犯，只有具有一定的资金、持股、信息、技术、关系等方面的实力和优势，并且进入证券市场实施交易的行为人才可能实施本罪，并且，在实践中，如欲操纵证券市场，则行为人一般应是精通股市运作规律的投资高手，普通的中小股民则或者受资金、持股额度的限制，或者不具备相应的信息优势，或者欠缺操纵市场所需的技巧，因而不可能实施操纵行为。因此，实施本罪的自然人一般是上市公司的高层管理人员、证券公司的从业人员以及其他与证券发行、交易活动密切相关的人员，而实施本罪的单位一般是上市公司或证券公司。因此，有见解从该理由出发，认为本罪的主体是特殊主体，主要是那些在证券经营机构开设账户，取得交易资格的个人和单位。①

对于该见解，笔者认为这完全是对本罪主体的错误理解，理由在于：

1. 刑法并未对操纵证券市场行为的主体进行任何限制，这已经清楚地表明了立法认为本罪主体是一般主体的立场，因为如果本罪主体是特殊主体，则刑法必须在条文中有所体现。况且，证券法中也并未对操纵证券市场行为的主体进行限制规定。上述见解是对刑法立法的基本理念的无视。

2. 虽然只有具有资源优势或精通证券投资业务者才可能实施操纵证券市场行为，但这并不意味着本罪的主体应有所限制，因为任何具有刑事责任能力的行为人都具备掌握资源优势或精通证券投资业务的可能性，而这种可能性正是刑法不对本罪主体做任何限制的原因所在。

① 宋茂荣等：《略论操纵证券市场罪》，载《云南法学》1998 年第 2 期，第 19 页。

3. 如果遵循上述见解的思考方式，只有掌握一定条件或经验的人员才能构成某罪的主体，那么刑法分则中规定的所有犯罪的主体都不会是一般主体了，理论界关于一般主体与特殊主体的研讨也就完全没有必要存在了。因此，本罪的主体应是一般主体，任何具备刑事责任能力的自然人或单位都可以实施本罪。

关于该问题，日本法中也曾有过激烈的争论。主张本罪主体是特殊主体的观点认为：由于《证券法》第107条规定能够在证券市场上交易的仅限于该证券交易所的会员，而根据第90条，会员又限于证券公司，因此，一般投资者不可能直接实施交易而只能委托给证券公司，故而一般投资者也不能实施操纵行为，而只能委托给证券公司进行，因此，应将投资者与证券公司之间的操纵市场行为理解为委托与受托关系。① 但也有见解认为不应将一般投资者与证券公司的关系理解为委托与受托关系，而应作为共同正犯处理，证券公司是操纵行为的实行犯，而投资者是对该实行行为的参与。②

不仅研究界关于本罪主体应否有所限定的问题争论不休，而且实务界也未能达成一致意见，如1989年的东京高裁在协同饲料股票事件中指出：作为操纵证券市场罪的行为方式的变动操纵以及安定操纵只能由证券公司的代表人以及其他从业人员实施，因此，应依照《刑法》第65条第1项的身份犯规定处理，在一般投资者加功于上述人员的此类行为时，应作为共同正犯处理。③ 但与之相对，在1993年的藤田观光股票事件的判决中，东京地裁指出：就社会实态来看，任何人都可以实施本行为，而从本法规定的禁止人

① 佐佐木史朗：《针对操纵行情的罚则的解释、运用上的诸问题》，载《名古屋经济大学法学部开设纪念论文集》，1992年版，第75页。

② 东条伸一郎：《关于证券交易法第125条的若干问题》，载《法律广场》第26卷第8号。

③ 东京高裁昭和1963年7月26日判决（判例时报1305号第52页）。

为操纵证券市场的宗旨出发，自应对任何人的操纵行为进行制止。[①] 这种纷争不已的状况直到 1994 年最高裁的协同饲料股票事件决定作出后才得以解决，最高裁在决定中明确指出《证券法》第 125 条第 2 项与第 3 项中规定了禁止行为的主体是任何人，这意味着证券公司以外的主体也可能实施相关行为，因此，变动操作罪以及安定操作罪都不属于《刑法》第 65 条第 1 项规定的身份犯。[②] 从此之后，操纵证券市场罪的主体是一般主体，本罪不属于身份犯的立场也得以确定。日本法关于该问题的争论及解决也进一步印证了笔者的观点。

在前一章的操纵证券市场罪行为论中，笔者将散布证券交易虚假信息与提供虚假信息作为操纵证券罪的行为方式，由此产生的与本章相联系的问题是：由于《刑法》第 181 条第 2 款规定提供虚假信息的主体是“证券交易所、证券公司的从业人员，证券业协会或者证券管理部门的工作人员”，而《证券法》第 78 条第 1 款规定编造并传播证券交易虚假信息行为的主体是“国家工作人员、传播媒介从业人员和有关人员”，第 2 款规定“证券交易所、证券公司、证券登记结算机构、证券服务机构及其从业人员，证券业协会、证券监督管理机构及其工作人员”，因此，就立法规定来看，似乎散布证券交易虚假信息与提供证券交易虚假信息行为的主体并非一般主体，那么是否应认为操纵证券市场罪的主体也是特殊主体，或者至少认为其中的上述两类行为的主体是特殊主体。笔者认为大可不必。

关于散布证券交易虚假信息的主体应是一般主体的原因如下：

1.《刑法》第 181 条第 1 款规定编造并传播证券交易虚假信息罪时并未对本罪的主体进行任何限制，这意味着刑法认为该罪的主体应是一般主体。

---

① 东京地裁平成 5 年 5 月 19 日判决（《判例 times》第 817 号第 221 页）。

② 参见刑集 48 卷 5 号 201 页（《判例 times》第 860 号第 119 页）。

2. 虽然证券法规定编造并传播证券交易虚假信息行为时将主体限定为“国家工作人员、传播媒介从业人员和有关人员”，但这并不足以作为认定本罪主体是特殊主体的证据，理由在于：（1）证券法在该问题的处理上有欠妥当，实践中编造并传播证券交易虚假信息的行为人主要是证券公司或上市公司以及工作人员，此外还有媒体从业人员，而国家工作人员实施本行为的情形较为少见，此外，有关人员的范围不清，如果是作为补充规定，则可以将任何实施编造并传播行为的主体纳入其中了。（2）证券法是对编造并传播证券交易虚假信息行为的主体进行的规定，如欲认定编造并传播证券交易虚假信息罪的主体，还应依据刑法进行判断，而刑法中并未进行任何限制。

3. 如第三章相关部分所述，任何人都可能实施编造并传播证券交易虚假信息的行为，因此没有必要对本罪的主体进行限制。

而关于提供证券交易虚假信息的主体应是一般主体的理由如下：

1. 任何投资者都可能实施提供证券交易虚假信息的行为，只要这种实施可能扰乱证券市场便构成提供虚假信息以操纵证券市场罪，而无须认定该类主体是否具有特殊身份。

2. 《刑法》第181条第2款规定的是提供虚假信息以诱骗投资者买卖证券的行为，而《证券法》第78条第2款规定的是做出虚假陈述或误导宣传的行为，两款规定都与本书中论述的提供虚假信息以操纵证券市场罪存在本质区别。提供虚假信息以诱骗投资者买卖证券的行为与提供虚假信息以操纵证券市场罪的区别在于：前者无须针对广泛的主体实施，也无须达到交易额度较大的标准，而后者则需要行为人或者针对广泛的主体实施，或者达到交易额度较大的标准，从而引发可能导致某项证券的交易价格或交易量异常变动，即证券交易行情被操纵的效果。而做出虚假陈述或误导宣传的行为与提供虚假信息以操纵证券市场罪的区别在于：前者只需做出虚假陈述或误导宣传便可能构成违法，无须该行为发生实际危害结果，而后者需要行为人提供的是虚假信息，即并非简单的陈述，也不一定是针对不特定多数人的宣传，此外，后者不能拿仅凭借行为人实施了行为便构成犯罪，还需要该提供行为可能或已经导致了操纵证券市场状况的发生。因此，虽然刑法与证券法中对于上述两种行为的主体做出了限定规定，但作为操纵证券市场罪的行为方式的散布虚假信息与提供虚假信息行为的主体仍是一般主体，因而对于操纵证券市场罪的主体无须做出限定规定。

二、自然人与单位分析

对于操纵证券市场罪的主体，可从自然人与单位两个角度进行概括：

1. 自然人，自然人又可以分为拥有资源优势的投资者与一般投资者。（1）拥有资源优势的投资者。实践中，只有具备足够的资源优势的投资者才能独立实施操纵行为，如欲使某证券的交易行情依照自己设想的方向运作，首要的前提便是具备足够的资本优势，“只有进入交易市场的股票的交易速度和交易额达到一定额度，也就是说，在特定的交易期间内参加交易的股票数量与投入到证券市场中该种股票的总量达到一定比率时，才可能左右证券市场，使证券价格走势显现出来”。① （2）一般投资者，持股数量较少的散户股民无法独立实行操纵行为，但却可以联合实施，或者作为单位或拥有资源优势的投资者的共犯，共同实施操纵行为。例如，某大股东与几位散户朋友共谋，由大股东抛售某证券，几位散户各收购其中的部分证券，这同样可以构成联合买卖的操纵证券市场行为。

2. 单位，是指可以进行证券交易的机构投资者，如投资信托公司、保险公司、商业银行、社会团体、退休基金会、大的企业集

① 郝银钟、王莉君主编：《证券违法与犯罪研究》，人民法院出版社2004年版，第409页。

团、财团以及证券公司,[①] 由于我国公司法与证券法都认可上市公司在一定条件下收购本公司股票的行为，此外，基金公司在证券交易中的作用也日趋活跃，因此，上市公司、基金公司也可能会利用发行新股以及收购本公司股票之机实施操纵行为，故而上市公司、基金公司也可以构成本罪的主体。

第二节　本罪主体分述

如上所述，任何具备刑事责任能力的自然人都可以构成本罪主体，而在实践中，金融机构的从业人员与一般投资者由于知识储备、工作经验、职务便利以及资力状况的不同而在实施本罪时存在若干差异，因此，下文中将本罪的自然人主体区分为金融机构从业人员与一般投资者，对这两类主体以及单位在实施操纵证券市场罪时的不同特点、区分方法等问题进行分析。

一、金融机构从业人员分析

首先须指出的是，本书中论述金融机构从业人员时取其广义概念，是指在与证券业务相关的机构中工作的人员，其中的与证券业务相关的机构既包括证券公司、证券交易所，也包括上市公司，还包括证券业协会与证券监督管理委员会，而其中的工作人员则是指所有因为在上述机构中工作而可能接触到证券交易业务的人员。该类人员因职务便利而时常接触到相关证券交易工作，并且具备交易常识、业务素养、买卖经验等普通投资者可能难以具备的优势，且因熟知交易系统操作程序与相关法律的惩处规定因而一般具有一定的反侦查能力与规避法律的技巧，因此，对于该类人员的交易监控一直是反操纵证券市场机制的重心所在。

---

① 郝银钟、王莉君主编：《证券违法与犯罪研究》，人民法院出版社 2004 年版，第 409 页。

既然是取其广义概念，那么金融机构从业人员的范围便远广于内幕人员的范围。例如，《刑法》第180条将内幕人员表述为“证券交易内幕信息的知情人员”，并规定“知情人员的范围，依照法律、行政法规的规定确定”，而《证券法》第74条则将知情人员的范围列举为如下七类：（1）发行人的董事、监事、高级管理人员；（2）持有公司5%以上股份的股东及其董事、监事、高级管理人员，公司的实际控制人及其董事、监事、高级管理人员；（3）发行人控股的公司及其董事、监事、高级管理人员；（4）由于所任公司职务可以获取公司有关内幕信息的人员；（5）证券监督管理机构工作人员以及由于法定职责对证券的发行、交易进行管理的其他人员；（6）保荐人、承销的证券公司、证券交易所、证券登记结算机构、证券服务机构的有关人员；（7）国务院证券监督管理机构规定的其他人。

上述人员属于金融机构的从业人员，但并非其全部，因为其他的在金融机构供职并从事与证券交易相关的工作的人员都属于操纵证券市场罪中金融机构从业人员。其与上述内幕人员的不同之处在于：

一是内幕人员中包括持股比率超过5%的大股东，但金融机构从业人员中不包括纯粹的股东，如果股东同时又是在公司内任职的人员的话，则作为金融机构从业人员处理，否则应归入一般投资者中。同样的推论也适用于公司的实际控制人以及公司控股的公司。

二是内幕人员中的公司职员是“由于所任公司职务可以获取公司有关内幕信息的人员”，要点在于“在公司内任职”与“可以获取内幕信息”，但操纵证券市场罪无须必然利用内幕信息，因此，金融机构的从业人员也应扩展为所有在公司内任职的人员，只要其有条件为公司或为自己实施操纵市场行为便可以构成本罪，而不必考虑为是否获知内幕信息。

三是投资信托公司、保险公司、商业银行等都可能实施操纵证券市场行为，而这些是无法直接归入内幕人员范围之内的。

综上所述，金融机构从业人员与内幕人员的判断方法并不相同，前者着眼于“任职”与“从事证券交易工作”两点，而后者则着眼于“任职”与“因此而可能接触内幕信息”两点，换言之，交易人员构成内幕人员的核心原因在于交易时利用了内幕信息，而构成操纵证券市场罪的核心原因在于实施了操纵交易行为，虽然有时会利用信息实施操纵，但所利用的信息并不限于内幕信息，也并非所有的操纵行为都需要内幕信息。因此，两者的范围虽存在重合部分，但前者的范围更广。

笔者将该类人员的范围概括如下：（1）上市公司的工作人员；（2）证券公司的工作人员；（3）证券交易所的工作人员；（4）投资信托公司的工作人员；（5）保险公司的工作人员；（6）商业银行的工作人员；（7）证券业协会的工作人员；（8）证券监督管理委员会的工作人员；（9）在其他金融机构任职的工作人员。

之所以需要增加第9类补充规定，是考虑到实践中尚有诸多从事与证券交易相关的活动但未能列入前八类的人员，如2008年的股市“黑嘴”案中，操纵人汪建中为原北京首放投资顾问有限公司的控股股东，并兼任执行董事、经理，此外，汪曾任中央电视台二套《中国证券》栏目特约嘉宾，预测出众多市场热点和多次重大行情变动，被安徽电视台选为“资本市场的安徽七大名人”之一，遂有“股票名嘴”之称。而其创设的北京首放投资顾问有限公司是一家具备证券投资咨询业务资格的证券投资咨询机构，其发布的名为“掘金报告”的咨询报告会同时提供给东方财富网、新浪网、搜狐网、全景网、《上海证券报》、《证券时报》发布或刊载，对投资者有比较广泛、重要的影响。据中国证监会的调查，汪建中利用本人及汪公灿、汪小丽、段月云、汪伟、何玉文、吴代祥、汪建祥、汪谦益9人的身份证开立资金账户17个、银行账户10个，并下挂以上述个人名义开立的股票账户进行股票、权证交易。上述账户由汪建中管理、使用和处置，汪建中为上述账户的实际控制人。自2007年1月1日至2008年5月29日间，汪建中利用其实际控制的账户在相关咨询报告发布前买入该咨询报告推荐的证券，并在咨询报告向社会公众发布后卖出该种证券，通过这种“先行买入证券、后向公众推荐、再卖出证券”的手法，汪建中共实施了55次交易，买卖对象包括“工商银行”、“交大博通”、“中国联通”、“四川长虹”等38只股票或权证，累计违法所得超过1.25亿元。[①] 仅从违法所得的数额便可以看出，汪建中事件对证券市场的影响极为恶劣，但其所述的投资顾问公司却无法归入上述前八类金融机构之中，因此，如果不增加补充规定，则可能无法有效地对该类人员的操纵证券市场行为进行惩处。

二、一般投资者分析

虽然一般投资者并不在金融机构供职，但却并非不能掌握相应的操纵证券技巧，尤其是在其掌握有相应的资金、持股优势时。虽然在理论上，该类人员可以散布或提供虚假信息以操纵证券市场，但由于其仅仅是普通投资者，并不具有金融机构从业人员所特有的知识与资历，因此所散布或提供的信息的可信度也远低于前述人员，故而以散布或提供虚假信息的方式实施操纵时的效果也远低于前述人员。此外，由于其不具有特殊的身份，所以不可能利用职权操纵市场，也不可能违法拆借资金，因此，与金融机构从业人员相比，一般投资者单独实施操纵行为时主要是利用资源优势进行，而主要的操作方法是联合买卖、连续买卖、通谋买卖、空卖空卖、自买自卖等行为。

以号称中国证券市场“第一号大案”的中科事件为例，在1998年12月至2001年1月间，中科创业的庄主吕梁（吕新建）和朱焕良合谋操纵中科创业股价，在全国20余个省市120余家营业部，先后开设股东账户1500余个，其间最高持有或控制5600余万股，占流通股的55.36%。其实施的操纵行为复杂多样，同时包

---

① 中国证监会行政处罚决定书（汪建中）［2008］42号。

含联合买卖、连续买卖、串通买卖以及自买自卖等行为方式。在联合与连续买卖方面，吕梁和朱焕良合谋非法融资数十亿元，利用这1500多个股东账户，低位吸纳并锁定筹码，然后疯狂地拉升。在通谋买卖方面，在吕梁的接盘和吸筹阶段，有大约1300万股的“中科创业“股票是完全从盘面上与朱焕良同时下单对敲成交的。在自买自卖方面，据吕梁的另一操盘手庞博交代，在1999年8月至2001年1月间，在吕梁完成了对“中科创业”的接盘和吸筹后，为了在盘整期维持较高的股价和成交量，进行了大量的对敲(即进行不转移证券所有权的自买自卖)。在上述操纵行为的刺激下，中科创业的庄家将自己认为是“垃圾股”的一只股票，从10多元炒到了84多元，其坐庄系列股票的市值高峰时多达100亿元。此后，中科创业庄家发生内讧，自2000年5月16日起，其股价以49.18元的除权价开盘后一路下跌，至2000年12月22日跌至33.59元，下跌31.70%，以后再连续9个跌停板，引发中科系列股票如中西药业、岁宝热电、莱钢股份等纷纷跳水，从而引发了一场严重的股灾。据中国证监会的调查，本案涉及的违规资金高达54亿元。在迄今已暴露的违法违规庄家中，中科系巨庄堪称中国股市之最，其操纵股票市场的行为也是最为恶劣的。

在莫建军操纵证券市场事件中，莫建军使用的则是违约交割方式，如莫于2006年7月4日开立了15017198号资金账户，下挂上海股东账号A117661216，深圳股东账号0034432480，开户手续由莫本人办理，账户操作、业务开通及相关资金存取均为莫本人。其对七只股票的操纵方式如出一辙：（1）2007年2月16日，莫用该账户申报买入“南方汇通”股票16笔，共计11732600股，申报撤单15笔，共计11688000股，全部撤单成功，成交44600股，成交数量占申报量的0.38%，且撤单时间距离申报时间极短，平均用时1分10秒，最短时仅用31秒。（2）2007年3月9日，该账户申报买入“综艺股份”股票29笔，共计10730100股，全部申报撤单，并成功撤单，成交0股，成交数量占申报量的0%。（3）2007

年3月26日，该账户申报买入“中钨高新”股票34笔，共计14489300股，全部申报撤单，撤单成功数量14458114股，成交31186股，成交数量占申报量的0.22%。（4）2007年4月9日，该账户申报买入“泰豪科技”股票26笔，共计10007600股，全部申报撤单，并成功撤单，成交0股，成交数量占申报量的0%。（5）2007年5月9日，该账户申报买入“高鸿股份”股票25笔，共计14874500股，申报撤单23笔，共计13813800股，撤单成功数量13550047股，成交334453股，成交数量占申报量的2.25%。（6）2007年6月8日，该账户申报买入“长城电工”股票14笔，共计11380700股，全部申报撤单，撤单成功数量10903552股，成交477148股，成交数量占申报量的4.19%。（7）2007年6月19日，该账户申报买入“巨化股份”股票26笔，共计20022900股，全部申报撤单，并成功撤单，成交0股，成交数量占申报量的0%。如上所述，莫建军通过提交大交易量的申报造成该股票交易繁盛的假象，从而吸引股价上涨，而后在极端的时间内迅速撤掉绝大多数申报单，而仅交易少量股票，从而赚取利润。据证监会调查，莫通过频繁申报和撤单行为共交易7只股票，其中5只股票盈利，盈利176.24万元；2只股票亏损，亏损98.76万元，上述交易合计盈利77.48万元。①

此外，周建明操纵股票事件、卢道军操纵股票事件以及张建雄操纵股票事件中，行为人使用的都是类似的以虚假申报、特定时段操纵等为主的短线操纵方式。例如，2008年1月23日，卢道军利用账户组多次申买申卖，具体方法为：卢道军利用账户组在1月23日9：39：24至9：42：27、9：54：34至9：55：21、10：03：25至10：03：50等期间内交易“四维控股”股票过程中，为了能以较高价格卖出，通过逐笔升高申买价格，短时间内进行频繁虚假买入申报，造成“四维控股”股票申买委托量在短期内迅速放大，

① 中国证监会行政处罚决定书（汪建中）［2009］43号。

制造买盘汹涌的假象，申买价格始终低于申报前一秒的市场平均成交价，委托主要集中在第3档和第5档，随后迅速撤单，最短买入申报驻留时间仅18秒。其频繁大量买入申报和撤销申报行为不以实际成交为目的，影响了其他投资者对该股票供求和价格走势的判断，诱导其跟进买入，逐步推高股价。在推高股价和不断申撤过程中，趁机挂出卖单陆续卖出所持股票。上述期间，账户组申买委托共计12笔，撤单12笔，撤单笔数占申买笔数的100%，申买总量3300000股，撤单量3300000股，撤单量占申买总量的100%。平均每单驻留时间不到1分钟，最短驻留时间仅18秒。卢道军通过不以实际成交为目的的频繁大量买入申报和撤销申报行为，影响了“四维控股”股票价格和交易量，股价由9.29元上涨至9.74元，实现卖出收益34.96万元。该方式的实质是违约交割与连续买卖的结合，以大量的违约交割附加少量的连续买卖拉高股价，而后抛售股票以获取不法利益。

上述案件可以显示出：在目前中国证券市场上，越来越多的一般投资者开始掌握较高的操纵技巧，其操纵行为不再是单纯地依靠某一种方式，而是采用多管齐下的方法实施，并且其选择的方法也更为隐蔽，更具有逃避法律惩处的可能性，如上述几项事件中，行为人采用的都是违约交割行为，而该行为并未被中国法明文规定为违法与犯罪，违法者违法技巧的提高由此可见一斑。

三、单位分析

如上所述，并非所有的单位都可以实施操纵证券市场罪，可以实行本罪的单位是指可以进入证券市场，实施证券交易的金融机构，常见的该类机构包括：证券公司、上市公司、投资信托公司、保险公司、商业银行、社会团体、基金公司、企业集团以及财团等。

既然本罪既可以由自然人实施，也可以由单位实施，而且，自然人的交易意愿也需要通过委托给证券公司实现，况且绝大多数的证券交易是通过网络实施的，交易人往往隐藏在背后，与其交易的对方当事人也并不关心自己是与谁完成了交易，因此，在实践中可能会出现需要区分相关犯罪行为究竟是由自然人实施还是由单位（主要是证券公司）实行的问题。

如果自然人虚构并不存在的证券公司或者假冒存在的证券公司实施交易的，自然应当作为自然人犯罪进行处罚，实际认定时不会出现难以判断的麻烦。而证券公司也可能借用自然人的账户操纵证券市场，原因在于：（1）使用单一账户实施操纵时，一旦该账户持有比率过多的股票就会被强制举牌；（2）证券交易的监控系统会察觉持股数量较大的账户并进行跟踪；（3）在连续买卖、联合买卖、空卖空卖以及自买自卖（对敲）的情形中，账户越多越方便实施操纵。因此，在单位实施操纵证券市场行为时，常见的交易手法是借用大量的自然人账户进行操纵。例如，1998 年的西安航标操纵投资咨询有限公司操纵海鸥基金价格案中，西安航标公司便利用了 179 个个人账户，投入了 1.3 亿元实施操纵。①

除上述情形外，实践中最复杂的问题是单位中的自然人以单位名义实施本罪时究竟应认定为自然人犯罪还是单位犯罪？关于该问题，笔者认为可以参照如下几项标准进行判断：

1. 意思决定主体，即决定实施操纵证券市场行为的主体究竟是自然人还是单位的决策机关或决策者。只要意思决定主体是单位的决策机关或决策者，则可以认定为单位犯罪。这种决定既包括事前的达成意见，也包括事中的同意以及事后的追认，即无论具体实施操纵的行为人是否拥有本属权限，只要该行为人实施的操纵证券市场行为得到了本单位决策部门的认可，则可以构成单位犯罪，换言之，上述认可不仅包括对实施操纵行为的认可，也包括对行为人实施操纵行为的权限的认可，而且，这种认可既可以是明确的同

① 参见中国证券监督管理委员会稽查一局编：《证券期货稽查典型案例分析(1993—2000 年卷)》，首都经济贸易大学出版社 2004 年版，第 277 页。

意，也可以是默许。例如，某公司的普通员工以公司名义实施了操纵行为后，将其行为上报给公司董事会，如果董事会认可了其行为，则尽管该普通员工原本不具有操纵权限，但由于董事会的认可，其行为可以被理解为获得了事后的临时性授权。

2. 犯罪所获收益，操纵证券市场罪一般具有获取不正当利益或者转嫁风险的目的，因此，犯罪收获收益的归属对于认定本罪主体具有重要的意义。如果行为人虽然以单位的名义实施操纵市场行为，但实际却是为了中饱私囊时，则应认定为自然人犯罪，但此时尚需附加一项条件：单位的决策层并不知道行为人的操纵行为。如果单位决策层知道行为人的操纵行为，也对该行为表示了明示或默示的许可，那么即使行为人将所获收益放入自己的腰包，其操纵行为也被视为获得了单位的授权，该单位构成操纵证券市场罪，而行为人则构成职务侵占罪或贪污罪。再者，判断犯罪所获收益的归属时应以决定归属权的主体为准，而不以归属的最终去向为准，即不应从形式上判断该收益归自然人还是单位所有，而应判断决定处置赃款的主体是自然人还是单位。如果实施操纵的行为人将所获收益上交单位，单位决策层又将该收益私下分配或作为酬劳返还给该行为人时，虽然此时的犯罪收获收益最终归属于自然人，但由于处分决定是由单位做出的，因此，此时仍应认定为单位犯罪。

需作说明的是，上述两项标准无须同时具备，标准 1 是必备要件，因为只有由单位决定实施的操纵行为才能认定为单位的意思，而标准 2 则是补充要件，构成本罪不必必然具备该要件，因为实践中可能会出现犯罪收益尚来不及分配即被查获的案件，此时则无须依据收益归属决定究竟是自然人犯罪还是单位犯罪。此外，虽然是否以单位名义实施也是认定犯罪主体的标准，但由于实践中经常会出现借用、冒用、伪造单位名义实施操纵行为的事件，因此，笔者认为无须以是否以单位名义实施作为认定究竟是单位犯罪还是自然人犯罪的标准。

第五章

操纵证券市场罪主观要素论

关于操纵证券市场罪的主观要素的争论主要集中在如下四个方面：(1) 本罪是否可以由过失构成；(2) 如果本罪只能由故意构成，那么主观方面究竟仅表现为直接故意还是可以包含直接故意与间接故意两种形态；(3) 与问题二相关联，本罪是否是目的犯，目的的内容应如何确定；(4) 对于本罪的主观要件，特别是目的要件，究竟应如何例证。本章将以上述四方面的问题为中心针对操纵证券市场罪的主观要素展开论述。

第一节　本罪主观要素概述

本节将针对操纵证券市场罪是否可以由过失构成；如果只能由故意构成，那么故意是否仅限于直接故意；本罪是否是目的犯，本罪目的的要素中包含哪些内容等问题展开论述，首先对研究界的观点进行评论，而后在此基础上提出笔者的见解，并为下文第二节的关于故意与目的要素的分析奠定基础。

一、本罪是否可以由过失构成

关于现行《刑法》第 182 条规定的操纵证券市场罪的主观要件，研究界早已达成了一致意见，即认为本罪只能由故意构成，过失无法构成本罪。但与之不同的是，如前所述，笔者将散布或提供虚假信息以操纵证券市场的行为也列为本罪的行为方式，由此引发的问题是：由于行为人可能会因为过失而散布或提供了虚假信息，那么，本罪中是否应包含过失的主观形态。

笔者的回答是否定的。原因如下：

1. 虽然将散布或提供虚假信息列为本罪的行为方式，但并非所有的散布或提供虚假信息行为都构成本罪，而是附加有“以操纵证券市场”的主观要件，即只有散布或提供虚假信息而操纵证券市场的行为才可能构成本罪，因此，这两种行为无法由过失构成，而本罪的主观形态只能是故意。

2. 从证券交易实践来看，行为人实施相关行为是为了操纵证券市场，并一般具有获取非法利益或转嫁风险的目的，因此，从实践角度出发，不应认定本罪可以由过失构成。

3. 如果行为人由于过失散布或提供了虚假信息，则不应作为本罪论处，应视具体情况分别作为违法或犯罪行为适用不同的法律条款处理：

（1）如果散布虚假信息的行为严重地扰乱了证券市场，则可以作为《刑法》第 181 条第 1 款规定的编造并传播证券交易虚假信息扰乱证券市场的行为处理；

（2）如果散布行为的后果并不严重，则可以作为《证券法》第 78 条第 1 款规定的违法行为处理；

（3）由于《刑法》第 181 条第 2 款规定的提供虚假信息行为仅限于故意行为，因此，如果行为人由于过失提供了虚假信息，则只能作为《证券法》第 78 条第 2 款规定的违法行为处理。

当然，由于《证券法》第 78 条中对于违法行为的主体进行了限定性规定，因此，可能会出现因散布或提供虚假信息的行为人的身份不符合法定要件而无法处理的状况，但这已不属于本节讨论的范围，而且第四章的主体论部分中业已指出了《证券法》第 78 条的不足，在此不再赘述。

二、本罪是否限于直接故意

如上所述，关于本罪只能由故意构成的问题并不存在争论，研究界尚未达成一致意见的是本罪是否只能由直接故意构成。对此，肯定说认为：本罪的主观方面只能是故意，而且只能是直接故意，即明知操纵证券交易价格的行为会产生危害证券价格的运行机制和证券交易的管理秩序，仍然决意实施这种行为并希望这种危害结果发生的主观心理状态。[①] 理由在于：由于本罪是目的犯，行为人是以获取不正当利益或者转嫁风险为目的，因而本罪只能由直接故意构成，即行为人明知自己的操纵证券交易价格的行为违反证券管理法规，但为了获取不正当利益或者转嫁风险，而不惜利用各种手段操纵证券交易价格。当然，在本罪中犯罪目的是构成本罪的必要条件，但犯罪目的的实现与否并不影响本罪的实际构成。[②] 关于本罪的目的，有研究者指出：本罪的主观目的具有两个层次，第一层次目的是制造虚假证券交易价格；第二层次目的是获得不正当利益或者转嫁风险。第一层次目的是为第二层次目的服务的，即通过制造虚假证券交易价格之目的的实现，达到获取不正当利益或者转嫁风险之目的。[③]

与之相对，否定说则认为：本罪可以由直接故意构成，也可以由间接故意构成，即通过消极的放任行为操纵证券交易价格。[④] 理由在于：

（1）欺骗性的沉默行为也可以引发操纵证券市场的结果；

（2）实践中查处的案例已经证明，本罪既包括直接故意犯罪也包括间接故意犯罪；

---

① 江溟：《操纵证券交易价格行为定性探疑》，载《湖北社会科学》2006 年第 3 期。

② 参见刘宪权：《证券期货犯罪理论与实务》，商务印书馆 2005 年版，第 457 页。

③ 参见胡启忠：《金融犯罪论》，西南财经大学出版社 2001 年版，第 288 页。

④ 樊成连：《浅谈增设操纵证券市场罪》，载《法商研究》1995 年第 6 期。

（3）以为直接操纵者提供资金的帮助犯为例，帮助犯虽然不直接参与操纵行为，但对于犯罪人或单位的操纵行为及获取非法利益的目的是明知的，并且采取了一种放任的态度，实质上放任的行为结果是对操纵证券市场交易价格犯罪的帮助，即为该罪的帮助犯。①

（4）依照证券法规规定，操纵行为中包括银行等金融机构非法拆借资金给炒买炒卖的投资者使用的情形，这种非法拆借行为是对操纵行为的帮助，实施非法拆借的银行等金融机构对于投资者的操纵行为及非法获利的目的的认识要素是明知的，而意志要素则是放任的，如果坚持操纵证券市场罪只能由直接故意构成，加之中国刑法理论在共犯问题上采用狭义界定方法，那么，在上述非法拆借问题中，非法拆借行为虽然是操纵行为的帮助行为，但由于非法拆借人的主观方面是间接故意，而操纵者的主观方面是直接故意，两者无法构成共犯，也无法将非法拆借行为作为操纵证券市场罪的帮助犯处理了。

笔者赞同否定说，认为本罪可以由直接故意也可以由间接故意构成，理由在于如下几点：

1.《刑法》第182条中原本规定有“获取不正当利益或者转嫁风险”的要件，但关于该要件究竟是目的要件还是结果要件的问题曾存在激烈的争论。并且，经修订后，该要件已被删除。原因在于：如果将其视为结果要件的话，则无法解决行为人实施了操纵证券市场行为但未能获取不正当利益或者转嫁风险的情形。反之，如果将其视为目的要件，则无法囊括所有的操纵证券市场行为的主观目的，在实践中，行为人实施操纵行为时一般具有获取非法利益或转嫁风险的目的，但操纵行为的目的并不以此为限，如前所述，由于操纵行为的实施方式复杂多变，有些操纵行为如散布虚假信息

① 参见周平：《证券市场犯罪的刑法规范简介》，载《中央政法管理班干部学院学报》1998年第1期。

行为并不必然是出于非法获利的目的。而立法修订方面的这一显著变化也从侧面显示出了立法者不愿再为本罪设定特定的目的要件的意思。

2. 如在散布或提供虚假信息的情形中，行为人可能会出于放任的方式任由该虚假信息散布或提供而导致证券价格的异常变动，此时行为人的主观心态是间接故意，但也可以构成对证券市场的操纵。

3. 需对否定说稍作修正的是，否定说指出“欺骗性的沉默行为也可以引发操纵证券市场的结果，该论述并无不妥，但却无法作为本罪可以由间接故意构成的论据，因为关于欺骗性的沉默行为的论述属于不作为的行为方式的论述，而非故意形态的论述。但是，在行为人不慎将虚假的数据资料散布或提供给了投资者，行为人发现该问题后仍不积极表明态度时，这种沉默行为的主观心态是放任的间接故意。

4. 需做补充的是，否定说指出：银行等金融机构非法拆借资金时构成操纵行为的帮助犯，该论述也并不妥当。因为按照业界通说，银行或其他金融机构及其工作人员违反金融管理法规，利用职务便利，将银行储备金等拆借给证券公司或者允许用于透支炒股时，便可以构成操纵证券市场罪，即非法拆借行为可以独立地构成操纵证券市场的行为，而无须作为操纵行为的帮助行为而存在。当然，此时的非法拆借行为中是包含间接故意的心态的，因而可以作为本罪可以由间接故意构成的证据。

三、本罪是否是目的犯

笔者认为本罪并非是目的犯，原因如下：

1. 刑法在规定目的犯时，往往使用“为了”或者“出于……目的”的表述方式，而《刑法》第 182 条在制定之初虽然有“获取不正当利益或者转嫁风险”的表述，但却并未使用“为了”或者“出于……目的”的词语，而此后该“获取不正当利益或者转嫁风险”的表述又被删除，可见立法者自始就并未打算将本罪视为目的犯。

2. 虽然本罪一般是出于“获取不正当利益或者转嫁风险”的目的而实施的，但行为人也可能出于其他目的，如使公司资本增值或帮助他人解套等而实施操纵市场行为，换言之，本罪的目的形态极为丰富，因此，不能简单地对目的要件进行统一限定。

3. 在散布或提供虚假信息以操纵证券市场的情形中，本罪还可能以间接故意的方式实施，既然本罪包含有间接故意形态，而目的犯仅限于直接故意，则本罪必然不可能是目的犯。

第二节　本罪主观要素分述

如上所述，本罪可以由直接故意也可以由间接故意构成，但获取非法利益或转嫁风险并非本罪的唯一目的，因此，在本罪的主观要素中，关于动机要素、认识要素、意志要素、目的要素的具体内容等问题尚需详加讨论，此外，由于实施本罪时主要是通过网络操作，关于行为人的主观心态的直接例证几乎无法实现，实践中认定行为人具有操纵证券市场的主观意图的直接证据主要是相关人员的讯问笔录，而从证据法的角度来看，单纯的讯问笔录的证明力是极其微弱的，因此，犯罪嫌疑人可以轻易地举出其他事由以驳倒该笔录的证明力并进而脱罪，这便是本罪的发案率居高不下而侦破率极低的主要原因之一。对于该疑难问题，外国法的解决方法是避免苛求直接证据而允许以客观证据推定行为人的主观要素的存在，因此，本节中也将对外国法关于该类问题的解决方法进行介绍，并进而指出中国法在同类问题上的改进对策。

一、本罪动机分析

有研究者认为：构成操纵股票行情犯罪活动的另一要素，是旨在影响股票价格的动机，并指出：任何一笔较大的股票交易都有可能会影响股票价格的变化。但是，并非所有影响到股票价格变化的股票交易都是操纵股票行情的犯罪活动。关键要看这一股票交易的动机是什么。只有当进行这一股票交易的动机就是为了人为地影响该股票的价格时，所进行的股票交易才成为操纵股票行情的犯罪活动。① 但笔者认为这是对犯罪动机以及操纵证券市场罪的动机与目的的区别的误解。所谓动机，是指行为人实施某项行为的内心动因，犯罪动机则是刺激犯罪人实施犯罪行为以达到犯罪目的的内心冲动或者内心动因。而犯罪目的则是行为人希望通过实施犯罪行为达到某种危害社会结果的心理态度，也就是危害结果在犯罪人主观上的表现。②

在本罪中，操纵证券市场的目的一般是获取非法利益或者转嫁风险，但动机却复杂多变。因此，前述观点的错误在于：（1）关于动机影响本罪的论述其实应是关于目的影响本罪的论述，因为根据刑法理论，动机与犯罪的成立并无直接联系，与犯罪成立相联系的应是目的要素。（2）操纵证券市场行为的动机千变万化，可能是非法牟利，可能是压低股价，也可能是便于他人操纵，而并非仅限于人为地影响该股票的价格。上述论断显然是对本罪的动机与犯罪目的以及犯罪构成之间的关系的错误理解。

笔者认为：在操纵证券市场的案件中，无论动机是否合法都可能导致非法的目的。例如，在企业兼并时，兼并双方在此前都会在证券市场上实施相关兼并战略，以便提高或稳固本公司的证券价格，从而获得更为有利的谈判地位，这种兼并战略的动机本身是合法的，但如果行为人打算以非法操纵的方式实施该战略，则其目的是非法的，行为人仍然会构成操纵证券市场罪。反之，如果兼并方

① 参见顾肖荣、张国炎：《证券期货犯罪比较研究》，法律出版社 2003 年版，第 169 页。

② 参见高铭暄、马克昌主编：《刑法学》，北京大学出版社、高等教育出版社 2005 年版，第 121、122 页。

为了以较少的资金兼并对方而不惜散布对方公司严重地资不抵债即将破产的流言以便刺激其股价下跌的话，那么这种散布流言的动机本身便是违法的，其目的也是违法的，当然构成散布流言的操纵证券市场罪。因此，在证券交易的过程中，行为人出于怎样的动机实施买卖的问题与其是否构成犯罪的问题并无直接、必然的联系。

二、认识要素与意志要素分析

（一）认识要素与意志要素的认定方法

1. 外国法对认识要素与意志要素的概括与认定方法。本罪的认识要素表现为：明知自己实行的行为属于操纵证券市场罪的行为，即明知本人实施了联合买卖等行为，也明知该行为会发生导致证券交易价格或交易量发生异常变动的不良结果，其中的核心问题在于对明知的认定。而本罪的意志要素表现为行为人对操纵行为所引发的证券交易行情异常变动的结果所持的希望或放任的主观态度。

对于上述认识要素与意志要素的内容及认定方法，各国法的规定不尽相同。例如，美国法中并未直接涉及该问题，而是统称为“欺诈”，并且司法判断中也是直接对行为人是否具有欺诈的故意进行认定。虽然如此，在欺诈的故意中，自应包含行为人明知其行为的性质、违法性以及后果等要素，只是由于美国法坚持以客观要素推定主观要件的成立，因此才得以笼统地将作为认识要素的明知与作为意志要素的欺诈合二为一进行处置了。

与之相对，欧盟法却明确地将明知作为构成市场滥用行为的要素之一，只是对于该“明知”的内容，欧盟法曾有过大的立场转变，1989 年的《反内幕交易指令》中将明知解释为“对事实有全面的了解”，其实在该指令的立法阶段上，关于是否应将明知解释为“对事实有全面了解”的问题尚存在争议，但立法通过后却正式确认了该立场。原因或许在于：与美国法的结合认识要素与意志要素判断主观要件的方式不同，欧盟法仅以认识要素的明知作为判断主观要件的依据，为了防止这种缩减版的主观要件可能引发的追究范围扩大化的弊端，所以才对明知的具体内容进行了严格的界定。只是从实践效果来看，该做法甚不理想，与美国法相比，虽然该规定看似降低了判断标准，但实际上控方很难证明行为人对事实的了解是全面的，而行为人却可以轻易地证明自己并未全面地了解相关事实从而逃避法律的惩处，这直接导致了该指令适用效果的低下化。因此，2003 年《反市场滥用指令》通过后，立法者们吸取了前述教训，虽然仍以明知作为判断操纵证券市场罪的主观要件，但却不再规定需证明行为人对事实有全面的了解。

比较美国法与欧盟法在操纵证券市场罪的主观要件上的差异，可以发现美国法更侧重于故意要素中的意志要素，而欧盟法则着眼于故意要素中的认识要素。由此引发的差别是：美国法认为在证明行为人实施了操纵证券市场的行为时必须证明行为人实施交易的目的是影响某证券的交易行情，但考虑到对行为目的的直接例证是困难的，所以判例中允许控方利用客观要件推定主观欺诈的存在，只是仅凭借主观欺诈的成立是不能认定本罪的构成的，而必须集合主导市场的事件以及操纵的其他迹象来看相关证券的百分比，该规则被命名为“莫尔海伦规则（Mulheren Rule）”。① 与之相对，欧盟法采用的是以明知认定故意要件成立的证明方法，由于对明知的举证较为简单，可以凭借行为人的交易时间、交易数额、交易异常状况以及投资知识等作出推断，故而在举证方式上也更为缓和，换言之，欧盟法采用了客观主义的立法模式。

2. 中国法对认识要素与意志要素的概括与认定方法。与欧美法不同，根据中国刑法理论，认定本罪的成立时需证明行为人的主观要件的成立，即行为人在实施相关操纵行为时具明知自己的行为会发生操纵证券市场的结果而希望或放任该结果的主观心态，其中

① 参见盛学军主编：《欧盟证券法研究》，法律出版社 2005 年版，第 212 页注［120］。

同时包含有认识要素与意志要素。其中的认识要素应概括为：行为人明知自己的行为是操纵证券市场的行为，明知该行为是被法律禁止的行为并且也知道该行为会造成操纵证券市场，侵害一般投资者权益，扰乱证券市场秩序以及危害国家对证券交易的监管机制的后果，即行为人同时对其行为的性质、行为的违法性以及行为的后果具有相应的认识。其中的意志要素应概括为：行为人希望或放任自己的行为造成的操纵证券市场结果的发生，即对于自己非法操纵行为导致的证券价格上涨、下跌或保持稳定的结果，以及该结果导致的对一般投资者权益、证券市场秩序以及国家对证券交易的监管机制的危害持有希望或放任的主观心态。

以上是对操纵证券市场罪的主观要素的内容的概括，综上所述，由于中国法并未规定关于上述要素举证的简化方法，而行为人的明知以及追求违法效果的主观心态纯属内心活动，很难直接证明，因此，司法实践中常见的做法是通过获取讯问笔录以认定其主观要件的成立，这种做法的弊端在于：

1. 讯问笔录的获取工作本身便极为困难，当事人会拒绝作证，会当庭翻供，而证人也往往会明知实情却三缄其口；

2. 依据刑事诉讼法原理，与其他证据相比，讯问笔录的证明力极弱，不仅无法单独使用，而且在与其他证据出现冲突时，也很难再被采用。

因此，妥善的办法是采用欧美法模式，允许控方以客观事实推定行为人的主观要件的成立，同时也允许行为人针对推定过程进行反证，即采用一种类似于民法中的过错推定责任原则的例证方式[①]，在简化控方的举证责任的同时保障被告的合法权益。具体实施方法分为控方推定与被告反证两个层面。在控方推定的层面上，主要是依据行为的客观交易事实进行判断，如果该交易明显偏离了正常的交易方式，如行为人在短时间内集中大量资金收购某一证券，或者行为人在散布了虚假的利好消息后突然抛出手中所持证券，或者行为人提交大量交易申请后在短时间内迅速撤单，或者行为人在自己控制的账户间频繁买卖，则可以推定行为人实施交易的主观心态并非合法牟利而是操纵证券市场，因为操纵证券市场不同于其他行为，所有能够在证券市场上实施交易的行为人必然具有相应的投资意识与法律常识，知道甚至是熟知交易操作流程以及哪些行为可能构成违法，既然如此，那么在行为人实施了上述行为时，则可以推定其理应知道该行为的性质、违法性以及可能造成的危害结果。

与之相对，在被告反证的层面上，允许行为人举出相应的证据以证明自己实施的交易并非操纵行为或者另有特殊原因。例如，在集中大量资金实施收购的情形中，如果行为人能够证明自己只是实施了收购行为，并未利用证券价格大涨之机实施反向操作，再如在违约交割的情形中，如果行为人能够证明自己突然撤单的原因是急需资金或该公司公布了利空消息，则可以认定其行为是特殊原因影响下的普通交易行为，并不构成操纵证券市场罪。如果行为人实施

① 而在追究操纵证券市场行为的民事损害赔偿责任方面，早有研究者提出了应采用过错推定责任原则。理由在于：如连续买卖行为从外观上判断与正常交易行为并无二致，受害人很难根据其行为的外部特征推定其过错存在，并且，由于操纵市场表现形态多种多样，行为外观容易与正常交易行为混同，违法特征并不明显，此外，近年来操纵手法日趋隐蔽，科技含量越来越高，使得判断过错的标准和方法也日趋复杂化、多元化、专业化，过错的举证和证明难度不断加大，远远超出了作为市场弱者的受害人的能力范围。详见甘德健：《试析操纵证券市场民事责任的构成要件》，载《经济与法》2007 年第 5 期。

了疑似操纵行为而又无法举出合法事由，则依据推定认定其具有操纵证券市场的故意。这种“通过构建过错推定原则解决证券欺诈犯罪刑事程序中的举证难问题，既有利于确定危害行为与危害后果之间的因果关系，又为司法机关及时介入违规行为提供了制度保障”。[①]

（二）通谋的认定方法

由于实施本罪时往往需要行为人具有足够的资金优势，而随着证券市场的日渐发展，上市公司资本金的日渐增长，以及非流通股逐渐向流通股的转化，证券的发行量与交易量也越来越大，实践中单凭某一行为人的资力便可操纵某一证券交易行情的实例也越来越少，因此，目前的操纵证券市场案件中，多名行为人联合实施的比重越来越高，对于这种共犯案件的认定，较为困难的一点是对于共同实施操纵证券市场行为的故意的认定，尤其是在通谋买卖、联合买卖的情形中，由于法条规定需要行为人之间存在“通谋”，而对于这种通谋又是很难直接例证的。此时，也有必要见解欧美法的以客观证据推定主观要件成立的例证模式。例如，美国 SEC 在认定行为人是否存在通谋时，并不需要举出确凿的证据证明行为人就实施操纵的具体事项达成了一致意见，而仅需证明行为人在实施交易之前或者是交易过程中曾有过接触、联系，至于接触的具体内容，则仅需凭借接触后双方实施的异常交易，双方在异常交易中的合作行为等纯客观的事实推定合谋的存在。甚至操纵者使用他人账户进行交易的事实就可以推定操纵者与他人之间存在合谋。[②] 当然，此时也同样允许行为人举出反证，以确凿的证据证明并未有过任何接触、联系，或者虽然接触、联系但另有原因，或者虽然接触、联系但并未通谋等，以洗清自己。

---

① 赵运锋：《操纵证券交易价格行为及其治理对策》，载《广东金融学院学报》2008 年第 11 期。

② SEC v. Torr, 22 F. Supp. 602 (S. D. N. Y. 1938).

此外，在证券市场上受“趋利避害”大众心理的影响，大量存在着所谓“羊群效应”，即一旦行情波动，则会出现大量的追随者“随波逐流”。[①] 因为散户的特点决定了其投资策略只能是被动防守，即“跟庄”。一般是通过技术分析或小道消息观测庄家的动向，一旦发现某只股票有庄家进入，就开始跟从，搭庄家的“便车”完成一轮交易，实现投资收益。[②] 例如，在行为人利用资金优势大肆收购某证券时，其交易价格一路飙升，此时众多的投资者会跟风买进，这种买进进一步推动了证券价格的上涨，客观上起到了操纵证券市场的作用，但此时由于一般投资者的行为只是普通的交易行为，并不具有操纵证券市场的故意，因此并不构成犯罪。而较特殊的情形是，投资者甲无意中得知投资者乙将实施操纵证券市场行为，因此作好准备并在乙实施操纵后跟风买进，但乙却并不知情。此时由于乙并不知道甲实施了帮助行为，也没有与甲联合进行操纵的意思，因此，乙并非是与甲共同实施本罪。但甲却具有利用乙的操纵推波助澜的意思，客观上的交易行为也对乙的操纵行为起到了帮助作用，此时，依据刑法理论应构成片面共犯，但问题在于关于片面共犯的研究尚不够深入，且司法中并未将其引入实践案例，因此，针对该情形能否认定甲具有共同犯罪的故意的问题尚无法得出圆满的回答。

三、目的分析

由于《刑法》第 182 条制定之初在操纵证券交易价格或交易量后附加了“获取不正当利益或者转嫁风险”的表述，而《暂行办法》第 7 条则更明确采用了“禁止任何单位或者个人以获取利益或者减少损失为目的”的目的规定方式，因此，关于“获取不

---

① 刘宪权：《证券期货犯罪理论与实务》，商务印书馆 2005 年版，第 459 页。

② 赵运锋：《操纵证券交易价格行为刑法对策——兼论前置法律责任的构建》，载《福建金融管理干部学院学报》2008 年第 5 期。

正当利益或者转嫁风险”是否是本罪的目的要件的问题尚存在激烈的争论，而关于该问题的赞否态度更是与本罪能否出于其他目的，以及本罪是否只能由直接故意构成等问题密切相关。因此，对于上述问题仍需略作研讨。

虽然刑法中已删除了“获取不正当利益或者转嫁风险”的表述，但占据多数说地位的肯定说仍认为本罪的构成须以行为人具有“获取不正当利益或者转嫁风险”的目的，并举出如下理由：

1. 立法目的，刑法规定操纵证券市场罪的目的是最大限度地体现证券市场上的公平、公正、公开原则，为市场竞争创造良好的环境，即制定本罪的着眼点是本罪可能造成的侵害投资者合法权益、扰乱证券市场秩序以及危害国家对证券市场的监管机制等危害结果，而非行为实际造成了怎样的损害，至于行为人是否通过操纵行为实际获取了不法利益或者转嫁了风险则只是影响对其的定罪量刑的因素之一，而非全部要件。

2. 行为实态，行为人实施操纵证券市场行为的一般目的都是获取不正当利益或者转嫁风险，因此，明文将其规定为目的要件有利于对该类行为的惩处。

3. 交易实情，在实践中，由于证券交易行情瞬息万变，没有哪位投资者能保证每笔交易都稳赚不赔，因此，行为人的操纵行为时常会与所获利益无法画等号，投入巨额资金导致证券价格超异常波动但却未能获得利润甚至亏损的情形也时有发生，因此，如果非要坚持“获取不正当利益或者转嫁风险”是构成本罪的客观要件，则无法对严重扰乱证券市场却并未获利的行为作为违法处置，这显然是不合适的。因此，仍作如下处理：只要行为人以此为目的，实施了刑法所列举的行为，即使操纵证券交易价格的行为失败，获利不成或者转嫁风险失败，情节严重的，也可以构成操纵证券市场罪。[①]

4. 司法解释，2001年最高人民检察院与公安部颁布的《关于经济案件追诉标准的规定》第32条明确指出：“操纵证券、期货交易价格，获取不正当利益或者转嫁风险，涉嫌下列情形之一的，应予追诉：①非法获利数额在50万元以上的；②致使交易价格和交易量异常变动的；③以暴力、胁迫手段强迫他人操纵交易价格的；④虽未达到上述数额标准，但因操纵证券、期货交易价格，受到行政处罚两次以上，有操纵证券、期货交易价格的。”该规定中的“①②③④”具体情形显然是从客观角度进行的界定，那么与之相对，作为具体情形的概括性规定的“获取不正当利益或者转嫁风险”显然便是从主观角度进行的界定了，而且，除情形①规定了数额限制外，其他操纵行为并未规定获利问题，这意味着本解释认为即使行为人并没有因此而非法获利也同样可以被追究刑事责任，换言之，获取不正当利益或者转嫁风险显然并非本罪的目的要件。

5. 外国经验，目前世界各国和地区的有关立法中，对于操纵证券市场的行为一般均没有将“获取不正当利益或者转嫁风险”作为客观要件，而较多地将“引诱他人参与证券市场交易为目的”作为本罪的主观要件。例如，日本法规定虚假买卖、相对委托罪时设置了“使他人对上市有价证券的买卖状况产生误解”的目的要件，在规定变动操作罪时规定了“引诱他人在证券交易市场买卖、交易有价证券”的目的要件。而美国的1934年《证券交易法》也规定了“为制造任何在国家证券所注册证券积极交易之虚假或误导性表面现象的目的”的要件。[②]

对于上述诸多理由，笔者不敢苟同，原因在于：

---

① 参见顾肖荣、张国炎：《证券期货犯罪比较研究》，法律出版社2003年版，第207～208页。

② 参见刘宪权：《证券期货犯罪理论与实务》，商务印书馆2005年版，第462页。

1.《证券法》第 77 条规定操纵证券市场行为时便未涉及该问题，而仅是简单地规定“禁止任何人以下列手段操纵证券市场”，这种大而化之的规定方式有便于司法灵活应对之处，出于同样的宗旨，刑法修订时也简单地规定为“操纵证券交易价格或者证券交易量的”。

2. 如前所述，操纵证券市场的目的一般是获取不正当利益或者转嫁风险，但本罪也可以出于其他目的实施。例如，安定操纵行为的目的便是使证券价格在一定的时间内保持稳定，以有利于公司资产的稳定或实施兼并等活动，并非是出于“获取不正当利益或者转嫁风险”的目的。如果非要坚持以“获取不正当利益或者转嫁风险”作为目的要件，则无法对出于其他目的操纵证券市场罪进行惩治。

3. 笔者认为本罪可以由直接故意也可以由间接故意构成，如果以“获取不正当利益或者转嫁风险”作为目的要件，则必然得出本罪只能由直接故意构成的结论，会出现前后论述的自相矛盾。

4.《暂行办法》第 7 条虽然采用了“禁止任何单位或者个人以获取利益或者减少损失为目的”的规定方式，但由于该办法只是行政法规，且出台于 1993 年，无论从行政法规弱于法律还是旧法弱于新法的角度来看，其效力都远低于刑法与证券法，况且证券法中完全地舍弃了《暂行办法》的规定方式，这也说明了立法者并未打算将“获取不正当利益或者转嫁风险”作为本罪的主观要件。

5. 虽然美国法中明文规定了操纵后证券市场行为的目的要件，但美国法是采用以间接的客观证据推定行为人具有主观意图的变通模式处理的，换言之，该目的要件的规定并不会导致司法查处的不便，而中国法则由于查处机制的滞后，无法吸取美国法的先进经验，在此情形下，如果再坚持对目的要件的认定，则将更不利于对操纵证券市场行为的处置。同样的教训便出现于日本，由于日本法也坚持构成本罪须具有相应的目的，且坚持由控方承担举证责任，由此导致出现了大量的由于控方无法证明行为人的主观目的而不得不任由其逍遥法外的案件。

6. 在交易实践中，操纵行为危害极大但行为人获利甚少甚至反而亏损的事件也极为常见，如果坚持以“获取不正当利益或者转嫁风险”作为客观要件，则又不利于对本行为的惩处。

综上所述，笔者认为本罪一般是出于“获取不正当利益或者转嫁风险”的目的而实施的，但这并非本罪的唯一目的，操纵人还可能出于稳定证券价格、扰乱证券市场、使公司资本增值甚至帮助他人挽回损失①等目的实施操纵。

① 如日本锻工股票事件便是出于帮助他人挽回损失的目的而实施的操纵证券市场行为，详见附录“操纵证券市场罪经典判例解析”二（二）部分。

第六章

操纵证券市场罪认定论

刑法理论中谈到对某罪的司法认定时，一般包含如下两个方面：一是罪与非罪的判断标准；二是本罪与其他相关犯罪的区别。就本罪而言，由于刑法规定实施操纵证券市场行为，情节严重的才构成本罪，故而关于罪与非罪的判断标准的论述主要是关于情节严重的认定标准的讨论。而在此罪与彼罪的区别标准方面，主要是分析本罪与内幕交易、泄露内幕信息罪（《刑法》第180条）、编造并传播证券交易虚假信息罪（《刑法》第181条第1款）、诱骗投资者买卖证券罪（《刑法》第181条第2款）之间的区别。此外，关于本罪的停止形态、罪数形态以及共犯形态方面尚有若干难点需要解决。针对上述三方面的问题，本章将分为三节加以分析，在第一节中论述司法解释中关于本罪的情节严重的认定标准的内容及尚需完善之处，在第二节中分析本罪与其他证券犯罪的区分标准，在第三节中研讨本罪的停止形态、罪数形态以及共犯形态等问题。

第一节　情节严重的认定标准

由于《刑法》第182条仅规定：犯本罪情节严重的，处五年以下有期徒刑或者拘役，并处或者单处罚金；情节特别严重的，处五年以上十年以下有期徒刑，并处罚金。至于何为“情节严重”，何为“情节特别严重”，则尚需司法解释详加规定。因此，最高人民检察院与公安部于2001年联合发布了《关于经济犯罪案件追诉标准的规定》（以下简称《追诉标准》），后又于2008年发布了《关于经济犯罪案件追诉标准的补充规定》（以下简称《补充规定》），对本罪的情节严重的标准做了细化处理，在一定程度上方便了司法适用。并且，虽然两司法解释对内幕交易、泄露内幕信息罪等其他证券犯罪的情节严重的认定标准中出现了前后交叉却又未能协调一致的规定，从而导致了司法适用的混乱，但在规定本罪的情节严重的具体内容时，《追诉标准》与《补充规定》的内容并不相同，因而不会出现类似内幕交易、泄露内幕信息罪的适用混乱问题，堪称其进步之处。但是，两司法解释并非完全不存在问题，如关于情节严重的判断方法尚有诸多难以实际运用之处，关于情节特别严重的判断标准则完全没有涉及。因此，下文中将针对上述问题进行研讨。

一、《追诉标准》中的“情节严重”分析

2001年的《追诉标准》第32条将本罪的情节严重的标准详细列举为如下四类：（1）非法获利数额在五十万元以上的；（2）致使交易价格和交易量异常波动的；（3）以暴力、胁迫手段强迫他人操纵交易价格的；（4）虽未达到上述数额标准，但因操纵证券交易价格，受过行政处罚二次以上，又操纵证券交易价格的。

虽然从刑事法理论来看，《追诉标准》并不能等同于定罪标准。例如，在实践中，众多操纵证券市场行为的非法获利都在50万元以上，但由于行为人能够主动承认错误，主动交出违法所得的，所以都由证监会给以罚款、市场禁入的行政处罚而了结了。但一般情况下，司法部门是将该《追诉标准》等同于定罪标准看待的。关于该《追诉标准》在认定某操纵证券市场行为能否构成犯罪的问题上，笔者认为还存在如下不足之处：

（一）“非法获利数额在五十万元以上的”方面

1. 由于操纵证券市场行为的目的可能是非法获取利益也可能是转嫁风险，因此，该条款的规定有过于偏颇之嫌，其中仅提到了

“非法获利”问题，那么，转嫁风险是否可以视为非法获利的一方面，还是转嫁风险不同于非法获利？如果答案是前者，则意味着转嫁风险数额在50万元以上时也应被追诉，但问题在于：这种以非法获利包含转嫁风险的规定方式与普通投资者意识中的非法获利是获取积极利益，转嫁风险是避免消极损失的观念差别甚大，而且，与非法获利的数额可以通过调查行为人控制的账户而较容易地查清相比，转嫁风险的数额则涉及判断哪笔交易是非法交易，哪笔交易是合法交易的问题因而很难实际查明。而如果答案是后者，那么便会出现不将转嫁风险作为情节严重处置的疑问。

关于该规定的有欠妥当之处，笔者提出如下两种解决方法：(1) 将“非法获利”修订为“非法获利或转嫁风险”；（2）将“非法获利”修订为“违法所得”。笔者认为第（2）种修订方法更为妥当，不仅语言精练，而且与非法获利是积极获得利益相比，一般论及“违法所得”时都包含积极利益的获取与消极损失的避免双重含义。

2. 此外，一般情况下，证券交易并非是一次性完成的，因而对于该类行为的违法所得数额往往是累计计算的，如《补充规定》第3条中解释内幕交易、泄露内幕信息罪的“情节严重”的标准时便称之为“成交额累计在五十万元以上的”，因此，本条款中关于“违法所得数额在五十万元以上”的规定中也应增加“累计”两字，以保证对在较长时间内反复实施操纵证券市场的行为进行追究。

3.《刑法》第182条中规定本罪可以由单位实施，但本条款规定违法所得的数额标准时并未区分自然人犯罪与单位犯罪，这意味着单位实施操纵证券市场行为非法获利50万以上时也应作为犯罪追诉。笔者认为似有不妥，因为在一般情况下，投资者与证券公司金融机构的资力差别甚大，投资者实施操纵行为非法获利50万元以上时已可算是高额收入，且根据证券交易的实情，为获取50万的利益一般需要投入数百万的资金，这对普通投资者而言已是一笔巨款，但证券公司等金融机构的注册资本动辄便以千万元计算，动用数百万元资金对证券公司等金融机构来说并非难事，因此，证券公司等金融机构在实施操纵证券市场行为时动辄便会投入千万元计的资金，所获收益也往往以百万元计算，如果坚持将自然人的非法获利数额与公司的非法获利数额做同等看待，虽然可以保持一种严厉的处罚姿态，但却违背了证券交易的实际，也不利于金融业的发展。

因此，笔者认为应适当提高对单位操纵证券市场的违法所得数额的追诉标准，以体现对自然人与单位犯本罪的不同对处态度，当然，须作说明的是，提高单位的违法所得的追诉标准并不是对单位实施操纵证券市场行为的放纵，因为此处探讨的仅仅是追诉标准与定罪问题，而非违法的认定问题，对于违法所得数额并未达到相关标准的操纵证券市场行为，自应由证监会等进行查处，并处以相应的行政处罚，如此处置的优点在于：一方面能够对操纵证券市场的违法行为与犯罪行为进行区别打击，另一方面也有助于促进证监会充分发挥职能，并刺激证券市场的自我规制机能的逐步完善。

（二）“致使交易价格和交易量异常波动的”方面

操纵证券市场罪的危害的主要表现便是导致证券交易价格或交易量的异常波动，因此，本条款的规定是最契合证券交易的实际的。但问题在于，本条款仅简单地规定“致使交易价格和交易量异常波动”，但并未详细地规定异常波动的幅度，致使其实际适用效果大打折扣。与之相同的还有证监会发布的《证券市场操纵行为认定办法》，其中规定了如下七种类型：（1）相关证券交易达到法律、法规、规章、规则所规定的异常水平；（2）相关证券交易异常受到监管机构及交易所质询、核查、调查或采取监管措施；（3）相关证券达到涨跌幅限制价位，或者形成虚拟价格水平，或者交易量异常放大、萎缩或形成虚拟交易量水平；（4）相关证券的价格走势明显偏离可比指数；（5）相关证券的价格走势明显偏离发行人基本面；（6）相关证券价格或者交易量在某一特定时段严重异常；（7）证监会认定的其他情形。[①] 虽然该《认定办法》关于操纵行为的规定方式甚为细致，但同样欠缺具体适用性。

对于上述问题，笔者仅提出如下参考意见：

1. 在证券交易价格方面，由于在证券交易实践中，除非出现重要的刺激因素，否则每个交易日中证券的交易价格的波动幅度一般不会超过10%，而且，在我国的证券市场上，除去创业板的涨跌停盘的幅度设置较为宽松外，一般的证券交易中每日的涨跌幅度都限定为10%，因此，不妨将交易价格异常波动的幅度规定为每交易日超过10%，这一方面与证券交易价格的日常波动幅度相吻合，另一方面也便于证监会查处操纵证券市场行为，证监会只需要密切关注每日交易价格突然暴涨或暴跌的证券，在其涨跌幅度超过10%时而停盘时，便调查其是否存在操纵证券市场行为，而在涨跌幅度低于10%时，可适当地关注以发现是否存在相应的违法行为即可。

2. 在证券交易量方面，交易量不同于交易价格，很难确定合适的标准，也很难发现交易量的波动幅度与交易价格的涨跌幅度之间的连接规律，因此，笔者认为不妨在30%至50%之间做出选择。一般情况下，当某证券的交易量突然比前一交易日的交易量高出30%以上时，该证券的交易行情必然会受到极大的影响，也往往会导致其交易价格出现较大的波动，故而，不妨将交易量异常波动的幅度设定为日交易量超过前一日交易量的30%以上。当然，在交易量并未超过前一交易量的30%时，受其他因素的影响，证券交易行情也可能会出现异常波动，但此时可依据其交易价格波动幅度超过10%以作为情节严重处理，而在交易价格的波动幅度也未超过10%时，仍然可以作为操纵证券市场的违法行为进行处罚。

至于“情节特别严重”的认定标准，笔者认为在“情节严重”

---

① 刘淑莲：《操纵证券、期货市场行为的刑法新规制研究》，载《北京工商大学学报》（社会科学版）2008年9月。

的上述标准的基础上再略作提高即可，如将交易价格异常波动的标准规定为日交易价格超过或低于前一交易日价格的20%以上时，将交易量异常波动的幅度规定为日交易量超过前一交易日成交量的50%以上时。

（三）“以暴力、胁迫手段强迫他人操纵交易价格的”方面

规定该条款的理由不甚详细，但就实际情况而言，强迫他人实施犯罪的案件较多地发生于侵犯他人的人身权利、民主权利等的案件中，确实鲜见以暴力、胁迫手段强迫他人操纵证券市场的情形，因为操纵证券市场是一种较特殊的行为方式，需要操纵者具备相应的资金、持股、信息优势，还需要操纵者拥有相应的技术水平与交易知识，因此，在强迫者不具备上述优势、水平或知识时，即使其强迫具备上述优势、水平或知识的人员实施操纵行为，强迫行为恐怕也很难奏效。

此外，关于“暴力、胁迫”的内容与程度都不甚清楚，究竟怎样的行为才构成暴力，怎样的行为才被视为胁迫的问题在刑法理论界尚存在较大的争议，而司法解释的任务本应是对刑法中的规定不明确之处详加阐述，此处却以两个内容并不清楚的词语解释刑法，岂不有使“情节严重”的标准更为模糊之嫌？况且，该条款也并未涉及“暴力、胁迫”的程度问题，而根据刑法理论，如果暴力或胁迫的强迫程度达到足以使人丧失自由支配自己行动的强度时，则被强迫人不过类似于强迫人实施犯罪行为的工具而已，此时应根据间接正犯理论将强迫人作为操纵证券市场罪的正犯处罚。即使不谈在证券交易实践中几乎无法见到强迫他人实施操纵证券市场行为的程度达到足以使人难以反抗的高标准，该条款的规定似乎也无法与间接正犯理论实现调和。再者，即使强迫程度并未达到上述标准，那么该条款应如何与《刑法》第28条的胁从犯相对应？

总而言之，司法解释中规定某罪的追诉标准时应是从量化的角度对本罪进行详细描述，以便于司法实践部门把握要领，便于操作，其与总则、分则的关系应是：总则（抽象概括）——分则

（具体概括）——个罪司法解释（具体描述），但该条款却违背了这一原则，反而将本应由刑法总则界定抽象视角上的问题纳入其中，反而形成了总则（抽象概括）——分则（具体概括）——个罪司法解释（抽象概括）的古怪模式。总之，该条款有混淆视听，导致司法查处不便之嫌，完全背离了司法解释所应发挥的功效。

（四）“受过行政处罚二次以上，又操纵证券交易价格的”方面

表面上来看，该条款旨在将三次操纵证券市场的违法行为作为犯罪处理，但这种规定方式存在如下几点问题：

1. 如果行为人先因操纵证券市场行为而受过一次行政处罚，后又因为触犯操纵证券市场罪而被判处刑罚，此后又实施操纵证券行为而被查获时，此时行为人已是第三次实施操纵证券市场行为，但只受过一次行政处罚，那么这种情形是否符合该条款的“受过行政处罚二次以上，又操纵证券交易价格的”的标准呢？如果是，则行为人受行政处罚的次数（一次）与条款规定（二次）不符，如果不是，但行为人第二次实施操纵证券市场的行为构成了犯罪，说明其行为情节更为严重，那么应如何解释将较轻的违法行为作为计数标准反而将更重的犯罪行为忽略的问题呢？因此，该条款关于操纵行为计数标准显然存在不妥。

2. 该条款还规定行为人必须是受到行政处罚，换言之，如果行为人实施了多次操纵证券市场行为，但一直未被查获，那么即使最终将其查获而欲进行处罚时，对于此前的多次实施而未被处罚的行为也是无法适用本条款的。该条款想当然地将操纵行为的次数与行政处罚的次数之间画了等号，这必然会导致惩处效果的大打折扣。

因此，笔者认为应修订本条款的内容，不必对多次实施操纵证券市场的行为做过多的限定，而应仿照《补充规定》第 3 条关于内幕交易、泄露内幕信息罪中的“情节严重”的规定方式，概括地规定为“多次操纵证券市场的”，而其中的多次，自然是指三次

以上。以这种方式概括后，则无论行为人以怎样的行为方式实施操纵，无论其针对多少种证券，在多长的时间内实施过操纵，也无论其是否曾因操纵行为受过行政或刑罚处罚，更无论其涉嫌操纵的交易数额或大或小，只要能认定其有过三次以上的操纵行为，则可以作为“情节严重”进行追诉。

二、《补充规定》中的“情节严重”分析

2008 年的《补充规定》第 4 条将操纵证券市场罪的“情节严重”标准归纳为如下 5 种：（1）单独或者合谋，持有或者实际控制证券的流通股份数达到该证券的实际流通股份总量百分之三十以上，且在该证券连续二十个交易日内联合或者连续买卖股份数累计达到该证券同期总成交量百分之三十以上的；（2）与他人串通，以事先约定的时间、价格和方式相互进行证券交易，且在该证券连续二十个交易日内成交量累计达到该证券同期总成交量百分之二十以上的；（3）在自己实际控制的账户之间进行证券交易，且在该证券连续二十个交易日内成交量累计达到该证券同期总成交量百分之二十以上的；（4）单独或者合谋，当日连续申报买入或者卖出同一证券并在成交前撤回申报，撤回申报量占当日该种股票总申报量百分之五十以上的；（5）上市公司及其董事、监事、高级管理人员、实际控制人、控股股东或者其他关联人单独或者合谋，利用信息优势，操纵该公司证券交易价格或者证券交易量的。下文中将分别略作简要分析。

1. 虽然第（1）种情形中并未提及“资金优势”而仅指出了持股份额，但实际是对利用资金或持股优势操纵行为的概括，因为利用资金优势也须购买股份，故而本规定并无问题。根据本规定，构成利用资金或持股优势的联合或连续买卖的“情节严重”须具备两个条件：（1）控股份额达到总流通份额的 30% 以上，对此，笔者认为：由于中国证券市场上存在着大量的非流通股，故而增加“流通”一词是必要的，因为只有可以在证券市场上自由流通的证

券才具备被操纵，并由此导致市场混乱的可能性；（2）连续20个交易日内买卖份额占总成交量的30%以上。通过该条款的规定方式可以看出，条件（1）实际是对资金或持股优势的规定，而条件（2）则是对买卖状况的规定，并且，只有在两者同时具备时，才可能导致证券交易行情的异常波动。这种规定方式是符合操纵证券市场罪的实际状况的。

2. 第（2）种与第（3）种情形分别是对通谋买卖与自买自卖的规定，由于这两种行为更为隐秘，众多疑似交易往往最终会因欠缺证据而很难认定，并且这两种行为更容易造成证券交易行情的异常波动，因此规定为连续20个交易日内买卖份额占总成交量的20%以上的做法是妥当的。

3. 第（4）种情形是对违约交割行为的规定，由于《刑法》第182条中并未明文规定该行为，因此《补充规定》中的该条款便显得尤为重要。该条款将违约交割的行为方式规定为"当日内违约交割量占申报总量的50%以上"，符合证券交易实际，值得肯定，但并非不存在问题。因为实践中的违约交割往往并不是仅在一个交易日内大量实施的，行为人可能会在连续数个交易日每日实施，假设行为人在连续三个交易日内每日的违约交割量都占当日本人总申报量的30%时，这种做法同样会对证券交易行情造成影响，但却无法依照上述条款追究责任了。因此，笔者认为应增加行为人连续数个交易日内的违约交割量占本人总申报量的比率规定，如规定为连续5个交易日内的违约交割量占本人总申报量的50%时。同时须作说明的，此时的所占比率是指占行为人本人申报数量的比率，而非市场上全部交易量的比率，在行为人的违约交易量高于其总申报量的50%时，说明行为人实施交易的意思中虚伪成分占据多数，此时自然应进一步探求其真实的意思所在。

4. 第（5）种情形规定的是利用信息优势实施操纵的行为，但关于主体的规定方面存在一定的欠缺，其欠缺之处在于：并未只有上述公司及相关人员才能利用信息优势实施操纵，证券公司及其他金融机构和其中的从业人员都可以接触到相关信息并实施操纵，因此，仅将上市公司及从业人员的操纵行为从严规制的做法欠缺说服力，而应规定所有金融机构及其从业人员利用信息优势实施操纵证券市场行为时都应严格追究刑事责任，唯有如此，才能促进金融机构及其从业人员的严格自律，并推动证券市场的自律机制走向成熟。

第二节　本罪与其他证券犯罪的区别

刑法中规定有众多以证券为对象的犯罪，如第 160 条的欺诈发行股票、债券罪，第 178 条第 1 款的伪造、变造国家有价证券罪，第 178 条第 2 款的伪造、变造股票、公司、企业债券罪，第 179 条的擅自发行股票、公司、企业债券罪，第 197 条的有价证券诈骗罪等，但这些证券犯罪与操纵证券市场罪之间的差别较大，原因在于操纵证券市场罪是在证券交易过程中发生的犯罪，而上述各罪却并非如此，因此，研究者在论述本罪与其他证券犯罪的区别时，一般是比较本罪与其他发生在证券交易过程中的犯罪的差异，该类证券犯罪包括《刑法》第 180 条的内幕交易、泄露内幕信息罪，第 181 条第 1 款的编造并传播证券交易虚假信息罪，第 181 条第 2 款的诱骗投资者买卖证券罪，下文中将逐一展开分析。

一、本罪与内幕交易、泄露内幕信息罪的区别

本罪与内幕交易、泄露内幕信息罪并称最为恶劣的两大证券犯罪，因而是各国证券法监管的重中之重，如欧盟的《反市场滥用指令》中的“市场滥用行为”便是指操纵证券市场行为与内幕交易行为。这两种犯罪主要存在如下区别：

1. 客体方面，虽然两种犯罪都侵犯了一般投资者的权益、证券市场的秩序以及国家对证券交易的监管制度，但操纵证券市场罪在侵犯证券市场的秩序时主要是对证券市场本应遵守的公平、公正的交易原则的违反，如行为人利用了他人并不具备的相关优势实施

非法操作，违反了公平交易的原则。与之不同，内幕交易、泄露内幕信息罪侵犯证券市场的秩序时主要是公开原则的违反，如行为人利用内幕信息实施交易，这是对证券市场的信息保密制度的违背。虽然操纵证券市场罪也可以利用信息实施，但其利用的是优势信息而不一定是内幕信息，因此，此时也并非是对证券市场的信息保密制度的违反，而是对证券市场的信息披露规则的破坏。

2. 客观方面，内幕交易、泄露内幕信息罪的行为方式较为简单，主要是交易行为、泄露行为、明示或暗示行为，并且实施这三种行为时都需要与内幕信息发生关联，而操纵证券市场罪的行为方式十分复杂，除《刑法》第180条明文规定的联合买卖、连续买卖、串通买卖、自买自卖外，如上文所述，补充规定中的“其他操纵方法”还应包括：空卖空卖、安定操纵、违约交割、散布证券交易虚假信息以操纵证券市场、提供证券交易虚假信息以操纵证券市场、利用职权操纵证券市场等行为方式，并且，实施上述行为时不必利用内幕信息，而是可以利用资金优势或持股优势实施，即使是利用信息优势实施操纵行为时，此处可利用的信息的范围也远宽于内幕信息，无论该信息是否真实，是否尚未公开、是否是重要信息，只要行为人利用的信息优势足以影响某证券的交易价格或交易量，则可以构成操纵证券市场罪。

3. 主体方面，两罪的主体都是一般主体，任何人都可以实施，但操纵证券市场罪的主要主体是拥有资金优势、持股优势或信息优势的投资者或公司等金融机构，与之相对，内幕交易、泄露内幕信息罪的主要主体是内幕人员，普通投资者即使拥有资源优势也无法进行内幕交易，而由于内幕交易行为更为隐秘，因此虽然公司等金融机构也可以实施交易，但从投资者的追求利益的最大化以及规避惩处的心态出发，一般情况下，内幕交易多由内幕人员秘密地、小范围内地实施。

4. 主观方面，两罪都只能由故意构成，并且都可以由直接故意或间接故意构成，并且两罪一般都是出于获取不正当利益或者转嫁风险的目的而实施。但实施操纵证券市场罪的绝大多数行为人是出于获取不正当利益或者转嫁风险的目的，而内幕交易、泄露内幕信息罪的行为人一般虽以获取不正当利益或者转嫁风险的目的为多数，但也有众多行为人会出于报复公司或者打击竞争对手等目的而泄露内幕信息。

5. 情节严重的认定标准方面，综合2001年的《追诉标准》第32条与2008年的《补充规定》第4条的内容，可以将操纵证券市场罪的“情节严重”标准列举为如下八类：

（1）非法获利数额在五十万元以上的；

（2）单独或者合谋，持有或者实际控制证券的流通股份数达到该证券的实际流通股份总量百分之三十以上，且在该证券连续二十个交易日内联合或者连续买卖股份数累计达到该证券同期总成交量百分之三十以上的；

（3）与他人串通，以事先约定的时间、价格和方式相互进行证券交易，且在该证券连续二十个交易日内成交量累计达到该证券同期总成交量百分之二十以上的；

（4）在自己实际控制的账户之间进行证券交易，且在该证券连续二十个交易日内成交量累计达到该证券同期总成交量百分之二十以上的；

（5）单独或者合谋，当日连续申报买入或者卖出同一证券并在成交前撤回申报，撤回申报量占当日该种股票总申报量百分之五十以上的；①

（6）上市公司及其董事、监事、高级管理人员、实际控制人、控股股东或者其他关联人单独或者合谋，利用信息优势，操纵该公司证券交易价格或者证券交易量的；

（7）以暴力、胁迫手段强迫他人操纵交易价格的；

---

① 第2、3、4、5类是2008年《补充规定》第4条中的第1、2、3、4项，可以视为2001年《追诉标准》中的第2项“致使交易价格和交易量异常波动的”的详细解释。

(8）虽未达到上述数额标准，但因操纵证券交易价格，受过行政处罚二次以上，又操纵证券交易价格的。

而在内幕交易、泄露内幕信息罪方面，2008年的《补充规定》第3条中对“情节严重”做如下解释：（1）买入或者卖出证券，或者泄露内幕信息使他人买入或者卖出证券，成交额累计在五十万元以上的；（2）获利或者避免损失数额累计在十五万元以上的；(3）多次进行内幕交易、泄露内幕信息的；（4）有其他严重情节的。

对比两种证券犯罪的情节严重标准，可以看到存在如下重要差别：

1. 操纵证券市场罪中规定的是“非法获利数额五十万以上”，与之相对，内幕交易、泄露内幕信息罪中规定的是“成交额累计五十万以上”，“获利或者避免损失数额累计在十五万元以上的”，考虑到证券投资金额与获利数额之间的关系，一般而言，非法获利数额应小于成交额，换言之，如果非法获利数额为五十万，则成交额应远高于五十万。因此，虽然同样规定为五十万，但前者的追诉数额一般情况下是远高于后者的，这也是与两种证券犯罪的实际状况相吻合的，操纵证券市场一般需要较高额的资金投入，而内幕交易、泄露内幕信息则仅需利用内幕信息便可以实施，即在对资金的利用方面，后者的操作难度远低于前者。此外，由于内幕交易、泄露内幕信息的实施手法更为隐蔽，非法获利数额更难查清，自应以较易查明的成交额作为计算标准。

2. 操纵证券市场罪中规定的是“因操纵证券交易价格，受过行政处罚二次以上，又操纵证券交易价格的”，与之相对，内幕交易、泄露内幕信息罪中规定的是“多次进行内幕交易、泄露内幕信息的”，比较而言，后者的规定方式更为明确，更具可操作性，而前者规定的繁杂以及可能导致的查处不力及脱法现象已无须赘述，因此，在该方面，后者的规定更为妥当。

3. 在交易量占总交易量等的比率的累计计算方面，操纵证券市场罪根据操纵行为方式的不同做出了不同的规定，也为此后同类证券犯罪的司法解释工作提供了参考，堪称2008年《补充规定》的最大亮点。

二、本罪与编造并传播证券交易虚假信息罪的区别

在前文的本罪行为分析部分中，笔者将散布证券交易虚假信息以操纵证券市场的行为也作为操纵证券市场罪的行为方式之一，因此，本罪与编造并传播证券交易虚假信息罪之间也会存在若干相似之处，如都散布了证券交易虚假信息，也都对证券交易行情造成了影响，但两罪也存在如下明显的差别：

1. 客体方面，两罪都同样侵害了投资者的权益、证券市场的秩序以及国家对证券交易的监管制度，但侵害的具体对象并不相同，如在投资者的权益方面，操纵证券市场罪侵害的是投资者的公平、公正交易权，并且剥夺了其本可以获得的利益，与之相对，编造并传播证券交易虚假信息罪侵害的是投资者的合法获取真实信息的权利，并且，也并非必然剥夺投资者本应获得的利益。

2. 客观方面，操纵证券市场罪的行为方式多种多样，即使是其中之一的散布虚假信息以操纵证券市场的行为也需要包含散布虚假信息行为与趁机买卖证券行为两种方式，与之相对，编造并传播证券交易虚假信息罪的构成仅需要行为人编造并传播（实际便是散布）了虚假信息即可，而无须行为人必须实施相关买卖行为。操纵证券市场罪不必利用虚假信息实施，而编造并传播证券交易虚假信息罪必须利用虚假信息才能实行。在结果方面，根据《追诉标准》的相关条款，两罪在情节严重的认定标准方面存在一致之处，如都规定有“致使交易价格和交易量异常波动的”，但操纵证券市场罪的“情节严重”的认定标准更为细致，如还包括：非法获利数额在五十万元以上的；以暴力、胁迫手段强迫他人操纵交易价格的；虽未达到上述数额标准，但因操纵证券交易价格，受过行政处罚二次以上，又操纵证券交易价格的等规定，与之相对，编造

并传播证券交易虚假信息罪的“情节严重”仅包括：造成投资者直接经济损失数额在三万元以上的；造成恶劣影响的两种类型。此外《补充规定》第4条还对操纵证券市场罪的“情节严重”区分行为方式进行了进一步细化规定，但并未对编造并传播证券交易虚假信息罪再做补充。

3. 主体方面，虽然两罪的主体都是一般主体，但在实践中，操纵证券市场罪多由持有资源优势的投资者或公司等金融机构实施，与之相对，编造并传播证券交易虚假信息罪的主体则多为从事公布或预测证券交易信息的人员，如新闻媒体的工作人员、股评人员，而普通投资者或公司实施本罪的状况比较少见。

4. 主观方面，两罪都由故意构成，但操纵证券市场罪的主体一般会出于获取非法利益或者转嫁风险的目的，与之相对，编造并传播证券交易虚假信息罪的主体一般是出于扰乱证券市场的故意，其本人不一定进行交易，所以也不必以非法获取利益或转嫁风险为目的要件，常见的目的包括诱导投资者买卖、诋毁公司信誉、破坏证券交易行情等。

三、本罪与诱骗投资者买卖证券罪的区别

根据《刑法》第181条第2款的规定，诱骗投资者买卖证券罪是指证券交易所、证券经纪公司的从业人员，证券业协会或者证券监督管理部门的工作人员，故意提供虚假信息或者伪造、变造、销毁交易记录，诱骗投资者买卖证券，造成严重后果的行为。操纵证券市场罪与诱骗投资者买卖证券罪的区别在于：

1. 客体方面，操纵证券市场罪损害的是实施本行为的公司等金融机构的信用，该金融机构的范围宽泛，而诱骗投资者买卖证券罪损害的是证券交易所、证券经纪公司、证券业协会或者证券监督管理部门的信用，此外，在侵害证券交易的“三公”原则方面，操纵证券市场罪主要是侵害了证券市场的公平交易规则，而诱骗投资者买卖证券罪则主要侵害了证券市场的公正交易制度。

2. 客观方面，操纵证券市场罪的行为方式复杂多变，并且行为人的目的都指向了交易行为，而诱骗投资者买卖证券罪的行为则较为简单，表现为手段行为与结果行为的结合，手段行为是提供虚假信息行为或者伪造、变造、销毁交易记录的行为，结果行为是诱骗投资者买卖证券的行为，只有手段行为与目的行为相结合才构成本罪，并且，行为人实施行为的目的指向是诱骗投资者买卖，行为人本人是否意图买卖该证券的问题并不重要。此外，操纵证券市场罪虽然可以利用信息优势实施，但该信息的真实或虚假程度不限，只要具备影响某证券交易行情的重要程度即可，而诱骗投资者买卖证券罪可以利用信息，也可以利用交易记录，并且即使利用信息时也必须利用虚假信息。

3. 主体方面，操纵证券市场罪的主体是一般主体，任何人都可以实施，而诱骗投资者买卖证券罪的主体是特殊主体，仅限于证券交易所、证券经纪公司的从业人员，证券业协会或者证券监督管理部门的工作人员，超出此范围的人员即使提供虚假信息诱骗他人买卖了相关证券也不能作为诱骗投资者买卖证券罪处罚。也正因此，笔者在前文中将提供证券交易虚假信息以操纵证券市场的行为列入了操纵证券市场罪之中，而且也未对该罪的主体做任何限制。

4. 主观方面，两罪都由故意构成，但操纵证券市场罪可以由直接故意构成也可以由间接故意构成，在由直接故意构成时，操纵证券市场罪的行为人一般具有获取非法利益或者转嫁风险的目的，即其着眼于非法获利，而诱骗投资者买卖证券罪只能由直接故意构成，因为实行本罪行为必须要求行为人积极地实施诱骗行为，即其主观心态只能是希望，而不可能包含放任，并且，行为人的目的是诱骗他人买卖相关证券，但却不一定是为了获取非法利益或者转嫁风险。

第三节　本罪的犯罪形态分析

一、本罪的停止形态分析

根据刑法学理论，犯罪的停止形态仅发生于直接故意的犯罪类型之中，因此，本部分在论述操纵证券市场罪的停止形态时，也仅是在论述直接故意操纵证券市场的预备、未遂、中止、既遂问题。由于《刑法》第182条规定，实施操纵证券市场行为，情节严重的才构成犯罪，因此，本罪属于情节犯。但如前所述，情节严重与否只是判断相关操纵行为能够构成犯罪的标准，而非本罪的成立要件，只要行为人实施了联合买卖等操纵行为即有可能构成犯罪，即本罪应属于行为犯，因此，关于本罪的停止形态的分析，便是针对行为人实施联合买卖等操纵行为的阶段性研讨。

1. 首先是关于本罪的预备形态，《刑法》第22条将预备犯概括为“为了犯罪，准备工具、制造条件”，因此，操纵证券市场罪的预备犯便是指为了操纵证券市场罪而准备工具、制造条件，由于证券交易是需要一定技术条件的行为，因此，本罪的预备行为的首要特征便是一定的技术性，如为了实施操纵行为而开设账户、探求信息，此外，由于本罪的行为方式复杂多样，不同的操纵手段需要不同的实施条件，因此本罪的预备行为的另一特征便是多样性，如在联合操纵行为中，预备行为可以表现为筹集资金、筹集股票、探取信息等，在自买自卖行为中，预备行为可以表现为指使他人开设账户、控制他人账户等。

2. 本罪的未遂形态，表现为行为人已经着手实施操纵证券市场行为，但由于其意志以外的原因而未得逞。例如，行为人与他人通谋进行联合买卖，在行为人抛售证券后，通谋者却并未跟进收购，此时虽然行为人实施了自己应承担的抛售行为，但由于对方未能实施相对操作，故而联合买卖并未完成，行为人意图追求的操纵证券市场的结果未能实现，而这种未能实现又是由于其意志以外的原因造成的，所以此时构成操纵证券市场罪的未遂。又如，行为人意图实施自买自卖，但在卖出证券后本应立即通过其他账户买入时，却发现忘记了账户密码，最终未能买入该证券，此时虽然行为人主观上意图完成自买自卖行为，但忘记密码却是其意志以外的原因，因而构成操纵证券市场罪的未遂。再如，行为人试图进行违约交割，在提交了交易申请后，本应尽快撤单，但因电脑出现故障而操作迟缓，结果达成了交易，此时也构成操纵证券市场罪的未遂。

3. 本罪的中止形态，根据刑法理论，中止犯是指在犯罪过程中，自动放弃犯罪或者自动有效地防止犯罪结果的发生，但从本罪的实际状况来看，由于本罪是行为犯，一旦行为人实施完毕实行行为，则犯罪成立，因此本罪的中止形态只能表现为行为人着手实行本罪，但在犯罪实行完毕之前又自动放弃的情形。例如，在通过计算机实施联合买卖时，行为人已经提交了交易申请，但由于害怕事情败露，迟迟不敢点击确定键，最终放弃交易的情形。而在安定操纵、违约交割中都可适用上述认定方法，与之相对，可能会出现疑问的是连续买卖时中止形态的认定，该问题与究竟应以何时作为行为人连续买卖行为完毕的问题相联系，既然是连续买卖，则是否意味着交易行为应反复实施数次之后才能构成连续？

笔者认为并非如此，所谓连续买卖，应是指买与卖各实施一次即可，即行为人买入后又卖出，或者卖出后又买入即可，因为这种买卖各实施一次的行为就可能影响证券交易行情的波动。所以，连续买卖的中止形态应表现为第一次的买卖行为并未实行完毕，如行为人卖出了证券后，主动放弃了买入该证券，或者买入后主动放弃了卖出的情形。如果行为人实施完毕一次买卖后才主动放弃继续买卖的，则此时已构成本罪的既遂，不能作为中止犯处理了。在空卖空卖、自买自卖的中止形态问题上则可以适用上述连续买卖的认定方法。

4. 本罪的既遂形态，由于本罪是行为犯，因此只要行为人实施完毕了相应的操纵行为，则可以构成本罪，如在联合买卖、安定操作中，行为人卖出通谋者买入后则构成既遂；在连续买卖、自买自卖、空买空卖中，行为人卖出又买入后则构成既遂；在违约交割中，行为人撤单成功后则构成既遂。

二、本罪的罪数形态分析

因为本罪中的联合买卖与连续买卖行为可以利用信息优势实施，而内幕交易、泄露内幕信息罪的实行则需要利用内幕信息，因此，两罪在利用内幕信息方面存在可能重合之处，即行为人的利用内幕信息实施交易的行为可能会同时触犯操纵证券市场罪与内幕交易罪。

例如，某内幕人员预先知悉了内幕信息，其既希望谋取非法利益又妄图逃避惩处，因此，抢在该内幕信息公布前便开始实施联合买卖或连续买卖行为，以带动股价的上涨，而在内幕信息公布后，该股价继续攀升时，该内幕人员又继续实施联合或连续买卖行为以刺激股价的进一步飙升。又如，深圳有色金属财务有限公司操纵琼民源股票价格案，在琼民源公司的年中报告（利好信息）发布之前，民源海南公司（琼民源控股公司）与深圳有色金属财务有限公司（琼民源股东、财务顾问）便预先购入大量琼民源股票，此后股价持续攀升。翌年初，琼民源公司又发布了虚假的年度报告，谎称“实现利润 5.7 亿元，资本公积金增加 6.57 亿元”，进一步拉动了股价的飙升，但此后不久，民源海南公司与深圳有色金属财务有限公司便抛出了股票。[①] 民源海南公司与深圳有色金属财务有限公司在利好信息公布前的购买行为符合内幕交易的要件，而此后利用年度报告的虚假信息以进一步拉升股价的行为又符合操纵证券市场罪的要件。

① 参见中国证券监督管理委员会稽查一局编：《证券期货稽查典型案例分析(1993—2000 年卷)》，首都经济贸易大学出版社 2004 年版，第 212 页。

再如武汉新兰德事件[①]，从事证券投资咨询工作的人员、股评人员或媒体工作人员预先向合谋者推荐购买某股票，在合谋者购入该股票后，上述人员再公开发表对该股票有利的评论，刺激其价格上涨后，由合谋者抛出股票以谋取不法利益，这种行为符合利用信息优势操纵证券市场罪的构成要件。但如果上述人员推荐股票时利用了内幕信息的话，则这种情形又同时符合泄露内幕信息（投资咨询人员、股评人员或媒体工作人员）、内幕交易（合谋者）的构成要件。

这种联合或连续买卖行为在利用信息优势方面符合操纵证券市场罪的构成要件，而在利用内幕信息方面又符合内幕交易罪的构成要件，因此，属于行为人实施一种行为但同时触犯两项罪名的情形，可以构成操纵证券市场罪与内幕交易罪的想象竞合犯。根据想象竞合犯的处罚原则，应从一重处罚原则，此时，应比较刑法关于两罪的刑罚幅度，《刑法》第182条关于操纵证券市场罪的刑罚幅度为：情节严重的，处五年以下有期徒刑或者拘役，并处罚金；情节特别严重的，处五年以上十年以下有期徒刑，并处罚金，而《刑法》第180条关于内幕交易罪的刑罚幅度为：情节严重的，处五年以下有期徒刑或者拘役，并处或者单处违法所得一倍以上五倍以下罚金；情节特别严重的，处五年以上十年以下有期徒刑，并处违法所得一倍以上五倍以下罚金。可以看出，两罪的自由刑幅度完全一致，所不同的只是内幕交易罪的罚金刑规定更为明确、细致。

因此，笔者认为此时如果仅对行为人科以自由刑处罚的话，则可以在操纵证券市场罪与内幕交易罪之间自由选择，如果要并处罚金的话，则似乎以选用内幕交易罪更为妥当。

因为本罪包含有连续买卖的行为方式，因此，在行为人实施连续买卖行为时，是否符合连续犯特征的问题尚需分析。根据刑法通说，所谓连续犯，是指基于同一或者概括的犯罪故意，连续实施性

---

① 详见附录“操纵证券市场罪经典判例解析”中的三（三）“武汉新兰德事件”。

质相同的独立成罪的数个行为，触犯同一罪名的犯罪形态。① 连续的成立需要具备如下四项构成要件：（1）实施性质相同的独立成罪的数个行为；（2）数个行为基于同一的或者概括的犯罪故意；（3）数个行为之间应具有连续性；（4）数个行为触犯同一罪名。

笔者认为，操纵证券市场的连续买卖行为符合连续犯的构成要件，简要分析如下：

首先，如前所述，在连续买卖实施操纵的情形中，所谓连续买卖可以由一次买入加一次卖出构成，而无须买卖的反复实施，因此，行为人实施一次买卖即可构成连续买卖，而在行为人反复多次实施买卖时，每一次的买卖行为都可以独立构成操纵证券市场罪，并且也是性质相同的行为，因此符合要件（1）要求的“性质相同的独立成罪的数个行为”。

其次，反复实施的连续买卖行为都是基于操纵证券市场的同一犯罪故意，因此，这数个买卖行为也符合要件（2）要求的“数个行为基于同一的或者概括的犯罪故意”。

再次，行为人实施连续买卖时，这数次买卖行为一般都是在较短的时间内反复多次进行的，并且行为之间互相影响、互相补助，每次都独立地影响到证券交易价格或交易量，但各次之间又总括地影响到证券交易价格或交易量，具有明显的连续性，因而也符合要件（3）要求的“数个行为之间应具有连续性”。

最后，这数次连续买卖行为都是对证券交易价格或交易量的操纵，都构成操纵证券市场罪，故而也符合要件（4）要求的“数个行为触犯同一罪名”。

综上所述，笔者认为以连续买卖操纵证券市场的行为完全符合连续犯的构成特征，符合《刑法》第89条规定的“犯罪行为有连续状态”的要件要求，自应作为法定一罪处罚。

① 高铭暄、马克昌主编：《刑法学》，北京大学出版社、高等教育出版社2000年版，第198页。

由于本罪可以利用信息优势实施，因此，在行为人先利用盗窃、利诱、胁迫以及其他不正当手段获知公司的相关信息后，又利用该信息优势实施操纵证券市场行为时，行为人的利用盗窃、利诱、胁迫以及其他不正当手段获知公司相关信息的行为构成侵犯商业秘密罪，而行为人的利用信息进行操纵的行为又构成操纵证券市场罪，此时应作为牵连犯处理。因为牵连犯是指以实施某一犯罪为目的，其方法行为与结果行为又触犯其他罪名的犯罪形态，其成立条件包括：（1）行为人的目的在于实施一个犯罪；（2）行为人实施了两个行为；（3）两个行为间存在手段与目的的牵连关系；（4）这两个行为触犯了不同的罪名。而在上述示例中，行为人的目的在于实施操纵证券市场罪，因而条件（1）成立；行为人实施了两个行为，前一行为是利用盗窃、利诱、胁迫以及其他不正当手段获知公司相关信息的行为，后一行为是利用信息优势操纵证券市场行为，因而条件（2）成立；以不法手段获知信息的行为是操纵证券市场行为的手段，而利用信息优势操纵证券市场的行为是以不法手段获知信息的行为的目的，两行为之间存在手段与目的的牵连关系，因而条件（3）成立；以不法手段获知信息的行为触犯了侵犯商业秘密罪，而利用信息优势操纵证券市场的行为触犯了操纵证券市场罪，两行为触犯了不同的罪名，因而条件（4）也成立。

同样的分析也可适用于利用破坏计算机信息系统以操纵证券市场的情形，以曾就类似行为的定性问题引起较大争议的1999年赵喆操纵兴业房产、莲花味精交易价格案①为例，赵喆非法侵入海南证券公司的交易系统，对尚未送到证券交易所的五条数据进行修改，变成以当日涨停板价格买入“兴业房产”和“莲花味精”股票的委托，该行为的目的是使自己持有的7800股“兴业房产”股票解套，并将“莲花味精”股票以涨停价格卖出，即破坏计算机信息系统的行为是手段行为，而操纵证券市场的行为才是目的行

① 案情详见曲新久：《金融与金融犯罪》，中信出版社2003年版，第200~207页。

为，两行为之间具有牵连关系，此时也符合牵连犯的构成要件。[①]

对于上述情形，虽然刑法并未明文规定对牵连犯的处罚原则，但学界达成的一致意见是“从一重从重处罚”。对比两种罪名的刑罚幅度，侵犯商业秘密罪的法定刑为：造成重大损失的，处三年以下有期徒刑或者拘役，并处或者单处罚金；造成特别严重后果的，处三年以上七年以下有期徒刑，并处罚金，与之相对，操纵证券市场罪的法定刑为：情节严重的，处五年以下有期徒刑或者拘役，并处罚金；情节特别严重的，处五年以上十年以下有期徒刑，并处罚金。后者的法定刑更重，因此应作为操纵证券市场罪从一重从重处罚。

三、本罪的共犯形态分析

本罪包含复杂的行为方式，其中某些行为只能由两个以上行为人共同实施。例如，联合买卖行为，既然有“联合”二字，则意味着至少应有两名操纵者，且每名操纵者都参与了买卖行为，但对于买卖行为的参与方式则没有特别限制，既可以是两人共同地实施买与卖两种行为，也可以是一方专门实施卖出行为，而另一方专门实施买入行为。在通谋的连续买卖情形中也是如此，即参与买卖的行为人构成操纵证券市场罪的共犯，并且每位行为人都是该罪的实行犯，即构成本罪的共同正犯。但对操纵证券市场的行为进行调查时，理应区分操纵者与普通的跟风买卖人员，由于证券市场上普遍

---

① 对于该案，上海市静安区人民法院认为破坏计算机信息系统行为与操纵证券交易价格行为是牵连关系，并以操纵证券交易价格罪作出了判决，笔者对该判决持赞同态度。但研究界也有人提出了不同的处理意见，如曲新久教授虽认为可以认定为操纵证券交易价格罪，但两行为应构成想象竞合关系，参见曲新久：《金融与金融犯罪》，中信出版社 2003 年版，第 207、208 页。而江溟则认为不存在牵连关系，应认定为破坏计算机信息系统罪，参见江溟：《操纵证券交易价格行为定性探疑》，载《湖北社会科学》2006 年第 3 期；刘淑莲：《操纵证券市场罪之堵截条款研究》，载《商场现代化》2008 年 10 月。

存在“羊群效应”，一只证券的价格迅速上涨时，一般投资者出于最大限度地追求经济利益的考虑，都会“有限理性”地跟风买入，反之，在某只证券价格下跌时，一般投资者又会受趋利避害心理的影响而卖出证券，此时，一般投资者并不具有与操纵者共同实施操纵行为的故意，因而不会构成共犯，虽然实践中认定操纵者时一般首先从其巨额的交易量着手，但却并非实施了巨额交易的人员便必然是操纵者。

本罪的共犯中较常见的还有帮助犯与实行犯问题。例如，金融机构负责融资的人员在明知他人申请融资的目的是操纵证券市场而仍为其提供融资时，虽然其并未实际参与操纵证券市场行为，但提供融资的行为是操纵证券市场行为的帮助行为，因此，提供融资者构成操纵证券市场罪的帮助犯。但如果提供融资者是收受了贿赂后提供融资的，则其收受贿赂的行为将因其身份的不同而分别构成受贿罪或公司、企业人员受贿罪，而提供融资的行为仍构成操纵证券市场罪的帮助犯，应数罪并罚；与之相对，行贿的人员则分别构成行贿罪或对公司、企业人员行贿罪，而其操纵行为仍构成操纵证券市场罪，也应数罪并罚。

此外，我国证券交易采用的是会员制，普通投资者不可能直接进行买卖，而必须在证券公司注册成为会员后提出交易申请并由证券公司进行操作，即每一笔交易中都存在委托与受托行为，因此，如果证券公司及其从业人员明知投资者是在进行操纵行为但仍受理委托事务时，是否应将受托人作为操纵证券市场罪的共犯处理？关于该问题，有见解认为：从行为人一方面来看，行为人是把证券公司作为工具来利用，没有证券公司的委托，行为人操纵市场的行为就无从实施。从证券公司一方面来看，它只是想多赚取些佣金，这和操纵者的主观方面是不同的。再者，从保护证券市场的人气来看，打击面不宜过宽。对此不是不管，而是不必用刑事手段，而应使用经济的或行政的手段。① 但笔者认为上述观点有欠妥当，此时受托人的行为理应作为操纵证券市场罪的共犯行为处理，原因在于：

1. 虽然受托人的主观方面与委托人的主观方面并不完全一致，但受托人的主观方面中包含有明知其行为会被委托人利用而发生操纵证券市场的结果，但却对该结果持希望或放任的意思，而委托人的主观方面则是明知其行为会发生操纵证券市场的结果，但却对该结果持希望或放任的意思，两者的主观意思在明知行为会引发操纵证券市场的结果，但却对该结果持希望或放任的意思方面上是相一致的，而根据刑法关于共犯的主观要件规定，只要行为人的主观方面存在概括的故意即可，所以即使上述情形中受托人出于放任的故意而委托人出于希望的故意，也符合共犯的主观要件要求。

2. 在客观行为方面，虽然受托人并未实际参与操纵证券市场行为，但如果没有他将委托人的交易申请转化为现实交易的行为，则委托人的操纵行为根本不可能完成，因此，受托人的完成交易行为与委托人的申请交易行为共同构成了操纵行为，两者在操纵行为的完成过程中存在承继关系，缺少任何一项都不能独立构成操纵行为。总而言之，在受托人明知委托人的交易申请是为了操纵证券市场而仍然完成相应交易行为时，符合操纵证券市场罪的共犯要求，双方共同构成本罪。但如果委托人采用了极为隐秘的方式从而使受托人并不知情时，则不会构成共犯。这种处理方式才是符合证券交易的实际状况的，也有利于促进证券公司及其从业人员的自律机制的完善。

---

① 王作富主编：《刑法分则实务研究》，中国方正出版社 2007 年版，第 507 ~ 508 页。

第七章

操纵证券市场罪规制论

第一节　外国法关于本罪的规制措施分析及借鉴

一、美国法关于本罪的规制措施分析及借鉴

（一）预防机制——“中国城”制度分析

中国城（Chinese Wall）制度是用以限制证券交易信息在金融机构内部随意流通的制度，其语源来自于“中国的万里长城”，是借用长城的防御作用比喻防止交易信息在金融机构内部无限制地流动。其基本内容是在金融机构内部建立完善的防护制度与流通程序，以防止该机构的某个部门或分支机构拥有的信息随意地被传递给该机构的其他部门或分支机构，从而将相关信息的知晓主体限定于必须知道的范围之内。1990 年，SEC 的市场监管部发布了一份关于证券公司防止滥用实质的非公开信息的政策有效性的研究报告。该报告认为典型的中国城制度包含如下内容：（1）教育雇员使其做到禁止实质信息的不当流动；（2）限制雇员的某些证券交易；（3）设置有形的信息壁垒；（4）隔离投资银行部门，如禁止向研究部门提供信息，禁止研究、分析人员“越城”作为拥有实质非公开信息的投资银行部门的临时雇员；（5）限制投资银行的

所有权交易，特别是风险套期。[1]

在此基础上，SEC 指出 1934 年《证券交易法》第 15 条 f 项便是关于中国城的规定，而一个完善的中国城制度应当包含如下 4 方面的内容：（1）控制部门间的信息流通；（2）对客户、雇员或委托人的交易进行限制；[2]（3）中国城制度的进一步规范化，包括形成书面文件以规范雇员行为；记录公司采取的与中国城制度有关的活动；培训员工等机制；（4）加强对拥有内幕信息时自营交易的审查，在证券公司拥有内幕信息时，最好应禁止"风险套利"交易。[3]

该制度的增设对于规制中国的操纵证券市场行为具有极其重要的意义，原因在于：

1. 中国目前的操纵证券市场案的特色之一是金融机构与上市公司联手实施，由上市公司提供信息，由金融机构实施交易，并在事后按约定的比率分成。

2. 金融机构（如综合性证券公司）内部也可能实施分工，由承销部门收集信息，由经纪部门建议客户买卖，甚至由自营部门直接实施交易。

3. 更有甚者，如武汉新兰德事件，投资咨询公司的投资部门会预先购入某股票，而后由其咨询部门公开宣称：经过本部门的精确测评，该公司的股价将会大幅上升。在普通投资者受其蛊惑买入该股票，股价大幅上涨后，该咨询公司的投资部门随即实施抛售。这是种极为恶劣的操纵证券市场与内幕交易并存的犯罪行为，且在

---

① 参见杨亮：《内幕交易论》，北京大学出版社 2001 年版，第 272 页。

② 具体限制措施可由证券公司进行灵活规定，如大多数证券公司会要求其雇员保留所有机构的交易记录，有些公司会要求其雇员在一定期限内禁止交易相关上市公司的证券，有些公司则要求其雇员需事先取得许可方可实施相关交易等。此外，作为重要补充的还有"限制清单"（restricted list）、"监视清单"（watch list）、"谣言清单"（rumor list）等。

③ 参见杨亮：《内幕交易论》，北京大学出版社 2001 年版，第 273～277 页。

目前中国的证券市场上比比皆是。而以上种种弊端，都有赖于尽快建立“中国城”制度，防止信息在金融机构内部的随意流动。“中国城”这一以中华民族的脊梁为寓意的制度却并未在中国的证券市场中建立起来，不能不说是一大遗憾。因此，有必要尽快地建立“中国城”制度，以防止金融机构的“监守自盗”行为。

（二）赔偿机制分析

为惩治操纵者的违法行为，并保障普通投资者的权益，需要完善由操纵者向投资者承担赔偿责任的制度，即操纵证券市场行为的民事损害赔偿制度。原因在于：（1）操纵者违法获得的利益本就是投资者所不应遭受的损失。（2）从更有效地规制该类犯罪的立场出发，完善民事损害赔偿制度以调动投资者的追偿热情，有助于弥补监管机关的监管漏洞。监管机关受人力物力的限制，不可能对证券市场实施完全周到的监管，难免会百密一疏，而投资者出于对自己利益的关注，一旦发现操纵证券市场行为给自己造成了损失，必然萌发追偿的心理，如果可以有效地利用这种心理，则相当于为监管机关提供了大量的监管线索，既减轻了监管机关的监管工作强度，又保障了投资者的合法权益，可谓一箭双雕。“此外，当监管机关已经确认操纵证券市场行为者的行政责任，也会为受损人提起民事诉讼提供行为人违法行为的证据，减轻原告的举证责任。”①

虽然《证券法》第232条规定了民事赔偿制度，并确立了其优先于罚款、罚金支付的原则。但问题在于：如何实现民事损害赔偿诉讼的追诉时效与行政、刑事程序的处置时间之间的协调，如何能保证投资者在法定诉讼时效内获知自己因操纵行为而遭受了损失的事实，如何保证该类集团诉讼的按程序进行。此外，由于证券市场上的交易是通过证券公司，尤其是网络实施的，当事人并不在乎自己的交易对象是谁，因而也不易查清在一定时间的损失额中，究

① 王翔：《论我国操纵证券市场法律责任体系的完善》，载《云南电大学报》2007年9月。

竟哪些才是因为操纵者的操纵行为而造成的，即受害方的损失与操纵行为之间的因果关系的判断问题，[①] 尤其是在集团诉讼中，每位投资者的具体损失数额的计算方法确实是个难题。

而对于这一点，中国法中尚欠缺细致的规定，实践中也未能见到相关判例。与之相对，美国法则订立有较明确的标准，将可以请求损害赔偿的主体限定为“同时交易者”，以操纵证券市场行为开始的时间作为同时交易的开始点，并以操纵行为结束一定的合理时间经过后作为同时交易的结束点。换言之，由于操纵行为结束后的一定时间内，证券价格仍会受操纵行为的影响而呈现异常波动，因此，在此期间内实施交易而遭受损害的缘由仍可归咎于操纵行为。但美国法并未对“合理的时间”做出明确的规定，具体由各法院依据个案实践进行判断。

笔者认为在修订《证券法》时，应结合中国证券市场的实际寻求合理的标准，考虑到中国证券市场与美国证券市场在成熟程度、职业操守制约等方面的差异，以及中国执、司法者的素质等问题，应在立法时设置明确的时间限制，不妨确定在一到三日内，以保障投资者能诉请追回所遭受的损失。但同时也需考虑到：由于证券交易一直处于波动之中，并且遭受损失的投资者数目并不等于提起诉讼的原告的数目，因而很可能出现违法所得的数额与请求赔偿的数额并不一致的情形。特别是在集团诉讼中，如果允许每名原告都全额获得赔偿的话，被告将无法支付，而且这也将产生矫枉过正的效果，导致另外的不公平出现。因此，应规定原告请求的损失赔

---

① 对于操纵行为与遭受损害之间的这种很难直接认定的因果关系的判断，美国法一般是依据举证责任相对简化的 1934 年《证券交易法》第 10 条 b 项以及 SEC 规则 10b—5、1933 年《证券法》第 17 条的默示诉权提起诉讼，受害人还可以依据州证券法、普通法、衡平法等提起诉讼，总之，选择方式的多样性简化了原告的举证责任，保证了对其权益的维护，而这正是中国法所欠缺的。详见杨峰：《操纵证券市场民事责任因果关系认定规则之完善——从对美国、日本相关规定的比较出发》，载《法商研究》2006 年第 6 期。

偿总额不得超过被告在实施违法交易中违法所得之总额，以防止对违法行为人的过度追责。

（三）惩治机制分析

1. 严厉的法定刑。美国法中并无专门针对操纵证券市场罪的刑罚条款，而是统称为“证券欺诈犯罪”并设置了同一的罚则，如1933年《证券法》第24条中规定对于证券欺诈犯罪，单处或并处1万美元以下罚金或5年以下监禁，而1934年《证券交易法》第32条（a）最初设置的刑罚为单处或并处最高为5年的监禁或10万美元的罚金。不过，此后的法律修订中又多次提高针对证券欺诈犯罪的法定刑，如1988年《内部人员交易与证券欺诈执行法》中将1934年《证券交易法》第32条（a）的刑罚幅度提高为单处或并处最高为10年的监禁或100万美元的罚金，并首次对自然人犯罪与非自然人犯罪做出了区分，规定“被告非自然人时，罚金幅度最高为250万美元”，此后，2002年《萨班斯—奥克斯利法》第11章第1106条又将1934年《证券交易法》第32条（a）的刑罚幅度再次提高，修订为：主体为自然人时，单处或并处最高为20年的监禁或500万美元的罚金；主体非自然人时，则应处最高额为2500万美元的罚金。仅通过法律对自然人犯证券欺诈罪的刑罚设置便可以看出，美国证券法对操纵证券市场罪等证券欺诈犯罪摆出了一种极为严厉的处罚姿态。

2. 合理的量刑规则。以上是美国证券法对操纵证券市场罪的刑罚总体设置，而在具体操作中，法院还需要依据《美国量刑指南》的具体规定以确定具体犯罪者的犯罪等级，并进一步计算出具体的刑罚幅度。《美国量刑指南》颁布于1993年，是美国审判委员会历经多年制定出的用于具体计算犯罪者的量刑幅度的“计算器”，该指南第二章B部分是关于经济犯罪的概括，其中的第1节第1条则是关于包括操纵证券市场罪等在内的欺诈性犯罪的规定，根据该规定，操纵证券市场罪的基本犯罪等级为6级，并且犯罪级别会随着造成损失数额的上升与受害人数的增多而逐渐增加。

例如，在基本犯罪等级为6级时，即造成的损失不超过5000美元并且受害人数不超过10人时，对操纵者可以处以最高刑为6个月的监禁。在此基础上，在造成损失的数额增加时，如增至5000美元以上但不足10000美元时，犯罪等级会增加两级，以后随着数额的增加犯罪等级也会逐步增加，如在造成损失的数额高达1亿美元时，犯罪等级会增加26级，即达到32级，而此时的监禁刑幅度为151~188个月。同时，在受害人数高于10人低于50人时，或者是通过大规模交易实施该操纵行为时，犯罪等级还会增加两级；在受害人数超过50人时，犯罪等级则会增加4级。换言之，以此计算的话，操纵证券市场罪的犯罪等级在具备了造成损失数额高达1亿美元与导致50人以上遭受损失时，犯罪级别为6+26+4=36级，此时的监禁刑幅度为235~293个月，即19年零7个月~24年零5个月。

但为防止与证券法中的法定刑幅度的冲突，该指南也规定，该刑罚幅度不能超过2002年《萨班斯—奥克斯利法》修订后的“最高为20年监禁”的限度。可以看出，美国法在追究操纵证券市场罪的刑事责任时，不仅摆出了最高可处20年监禁与500万美元罚金的极为严厉的处罚姿态，而且还为防止自由裁量权的过度行使而设置了合理的裁量幅度。

3. 对中国法的借鉴意义。参照美国法关于操纵证券市场罪的刑罚设置、量刑幅度以及惩治态度，笔者认为中国法在同类问题上需要改进之处在于如下两点：

（1）如前所述，2001年我国最高人民检察院与公安部颁布的《关于经济案件追诉标准的规定》第32条中指出：操纵证券交易价格的追诉标准之一是非法获利数额在50万元以上的，远高于《美国量刑指南》中的标准，但考虑到两国关于“罪”的认知标准并不一致，因此该条设置也无甚不妥。但与美国法相比，中国法的欠缺之处在于缺少非法获利数额与自由刑增加之间的联系规定，《刑法》第182条只是泛泛地规定：情节严重的，处5年以下有期徒刑或者拘役；情节特别严重的，处5年以上10年以下有期徒刑，具体量刑幅度则完全由司法部门决定，这种过大的自由裁量权不利于贯彻罪责刑相一致的原则，更不利于实现司法平等，因此，笔者建议应制定相应的量刑递增标准以对其进行规范。例如，以非法获利数额为50万元的作为基本等级，而后根据非法获利数额的上升幅度相应地提高自由刑的刑期，如规定非法获利数额每上升10万元，自由刑刑期将增加3个月。而在受害人的人数与自由刑刑期的关联问题上，也可以仿效美国法的做法，如规定为：在受害人数高于10人低于50人时，自由刑刑期将增加6个月；在受害人数超过50人时，自由刑刑期将增加12个月。但同时也须明文规定所处自由刑的最高刑期不得超过法定标准。

（2）美国证券市场之所以成为最为规范的市场，不仅在于美国法对证券犯罪规定了极其严厉的刑罚幅度，还在于监管部门灵活地运用刑罚与行政处罚以求得最好的预防效果。与中国证监会相比，美国SEC拥有更多、更自由的权限，如立法权、行政执法权、对法律的实施及其自治组织的监督权、制定政策权、法庭调查权、判决执行权等，仅在处罚权限方面，SEC也远远优越于中国证监会，在大部分的操纵证券市场案件中，SEC会在调查时通知行为人要么接受吐出违法所得，缴纳罚款以及市场禁入等行政制裁，要么将与SEC对簿公堂，等败诉后被判自由刑并处罚金的同时，还得接受上述行政制裁。并且，在绝大多数的操纵证券市场案件中，受简化举证责任等原因的影响，SEC可以轻易地例证被告实施了操纵证券市场的行为，而被告却很难举出反证，因此，SEC往往是最终胜利的一方。受这种因素的影响，行为人一旦接到SEC的通知后往往都会立即缴械投降，自愿接受行政处罚。换言之，在应对操纵证券市场罪的活动中，刑罚主要发挥了其威慑性作用，而实际的惩治效果则是由行政处罚承担，这种行政制裁与刑罚处罚双效机制的应对模式才是降低证券犯罪的理想途径。

二、欧盟法关于本罪的规制措施分析及借鉴

（一）预防机制分析

根据2003年《反市场滥用指令》，针对包括操纵证券市场罪在内的市场滥用行为的预防机制主要有如下五种：（1）及时披露规则；（2）推迟披露规则；（3）内部人名单制度；（4）内部人交易报告制度；（5）可疑交易报告制度。其中的（1）及时披露规则与（2）推迟披露规则主要是针对内幕信息的披露规制，主要是针对内幕交易的预防条款，但信息的披露同样会为操纵证券市场行为所利用，故而及时与必要时的推迟披露规则同样也可用于预防操纵证券市场行为。（3）内部人名单制度类似于美国证券法中的监事名单制度。但与监事名单制度不同，内部人名单制度并不着眼于相关证券，也不着眼于证券公司，而是从内幕信息的源头出发直接规制任何可能获悉内幕信息的人员。[①] 即任何可能接触到内幕信息的人员，即使是那些可能偶然接触到内幕信息的人员，都应被列入该名单之内。

由此可见，该制度设置的目的并非对内幕信息泄露的堵截，而是为了监管部门能够更为稳妥地查禁相关违法交易行为。根据立法部门的设想，只要进入该名单的人员，其交易行为必然会处于监管机关的监控之下，则不仅其内幕交易行为被严格控制，而且只要其稍微实施较大数额的或较为异常的交易就会受到监管部门的管控。在严防内幕交易的同时也对该类人员的操作证券市场行为顺便实施监控，该制度的功效真可谓一石二鸟。

与该制度功能类似的是（4）内部人交易报告制度，同样可以在发挥预防内幕交易功能的同时，对该类人员的操纵证券市场行为（在实践中，该类人员也是实施操纵证券市场行为的主要主体）进行预防。与上述四项制度相比，更为直接地预防操纵证券市场行为

---

① 参见盛学军主编：《欧盟证券法研究》，法律出版社2005年版，第224页。

的是可疑交易报告制度，根据《反市场滥用指令》第6条（9）的规定，所有职业性从事金融产品交易的人员，应当及时地向主管机关报告其合理怀疑的任何可能涉及市场滥用行为的交易情况。① 并且，根据该指令第7条（1）的规定，只要上述人员发现某行为在外观上符合滥用市场行为的某些关键性要件便可以提交报告，而无须该行为真正地、完全地符合滥用市场行为的要件。② 但该制度的实际适用状况尚有待实践检验，因为指令不可能强加给上述人员在发现疑似交易时必须报告的责任，因为该类人员可以轻易地举证自己并未发现疑似交易或者并未认定该行为符合关键要件，此外，指令更不可能强加给该类人员以连带责任，而且指令也并未如美国法般设置相应的奖励机制。在责任追究与物质奖励两方面都不到位的情况下，该制度的实际功效尚有待考证。

（二）惩治机制分析

1.《反内幕交易指令》的惩治机制之不足。1989年的《反内幕交易指令》中并未涉及对操纵证券市场罪的规制问题，但该指令在惩处内幕交易罪方面的立法经验却对2003年《反市场滥用指令》起到了重要的指导意义。在《反内幕交易指令》中，由于立法者考虑到各成员国证券市场的发达程度、惩治措施的完善程度乃至罪与非罪的认定标准等方面都存在显著不同，为协调这种差异，同时也为了防止规定过于详细引发的过度干涉各国事务之嫌，关于内幕交易的处罚规定极为概括，该指令第13条规定：各成员国应当采取切实的惩罚性措施来保证《反内幕交易指令》的顺利实施，并且这种惩罚应当起到鼓励行为人遵守《反内幕交易指令》相关制度的效果。这便是该指令中仅有的关于制裁措施的规定。

该规定存在如下严重不足：（1）并未规定这种所谓“惩罚性措施”究竟是指刑罚还是行政处罚，从美国惩治操纵证券市场罪

① 盛学军主编：《欧盟证券法研究》，法律出版社2005年版，第228页。

② 参见盛学军主编：《欧盟证券法研究》，法律出版社2005年版，第229页。

的经验来看，行政处罚的效果要好于刑罚，实际上，欧盟在制定本指令时也参考了美国的做法，并且也倾向于主要采用行政处罚以解决问题，但问题在于该规定实在太过模糊，寥寥数语中实在无法把握立法者的真实意图。（2）规定“惩罚应当起到鼓励行为人遵守《反内幕交易指令》相关制度的效果”，但效果指向的实际目标究竟如何，如何才能起到“鼓励”作用，“相关制度”的具体内容如何等问题也欠缺明确的答复。因此，该指令关于内幕交易的处罚设置“既缺乏具体的标准和实施依据，又没有执行的具体范围，实际上只是一纸空文。从某种程度上讲，由于缺乏有效的处罚制度，《反内幕交易指令》只不过是一只没有牙的老虎，尽管可以捕获猎物，但没有办法将其消灭，也就不能对滥用内幕信息的行为形成有效的威慑和制约”。①

2.《反市场滥用指令》的惩治机制改进。有鉴于此，2003 年《反市场滥用指令》对上述缺陷做出了弥补，具体表现为：

（1）该指令第 14 条明确规定：于无损于成员国施加刑事处罚的权力的情况下，成员国应保证按照国内法对责任人采用适当的行政措施或施加行政处罚。换言之，该指令明确强调对于操纵证券市场等市场滥用行为，各成员国可以同时采用刑罚与行政处罚相结合的双重打击措施，并且，就条文的表述方式来看，该指令显然更希望成员国能够发挥行政处罚在惩治市场滥用行为中的主导性作用，这堪称欧盟法与美国法在惩治操纵证券市场罪方面的最大差别，近年来，随着安然事件等一系列经济犯罪丑闻的被揭露，从美国证券业界到普通民众都普遍认为过去的过于依靠行政处罚的方法已经无法遏制愈演愈烈的经济犯罪，有必要转变惩治理念，对该类行为摆出更为严厉的处罚姿态，应更多地诉诸刑罚以取得更好的社会效果，与之相对，欧盟法则始终认为过度严厉的惩治措施有导致市场萎缩之嫌，为维系证券市场的活力，还应坚持传统的以行政处罚为

① 盛学军主编：《欧盟证券法研究》，法律出版社 2005 年版，第 196 页。

主，以刑罚为辅的制裁措施。

（2）该指令第11条明确规定各成员国应当尽快建立合适的主管机关，由于此前的《反内幕交易指令》出于可能会有干涉各国内政之嫌而并未督促各国建立相应的主管机关，因此，各成员国不仅在治理本国证券市场上的犯罪行为时因欠缺合适的主管机关而近乎于放任自流，而且在各成员国之间需要联合惩治跨国操纵证券市场罪时也因没有协调机构而进展拖沓，甚至有些成员国为了更多地吸引外资而对证券犯罪完全采取了听之任之的态度。痛定思痛，立法者们决定不再回避该问题，因而明确地要求各成员国应尽快地设置合适的主管机关。所谓“合适”，“一方面是指主管机关应当是单一的，以便《反市场滥用指令》得到明确和高效的应用，增强各国类似主管机关的协调；另一方面是指，在无损于司法机关管辖权的情况下，该主管机关应当具有行政权力，以保证其体制独立性和运作的高效性”。

三、日本法关于本罪的规制措施分析及借鉴

（一）法定刑的渐次提高分析

1. 法定刑的渐次提高概述。日本旧《证券交易法》制定之初规定对于操纵证券市场罪以及以操纵证券市场为目的的散布流言罪的自然人单处或并处3年以下惩役或300万日元以下的罚金，对于法人处300万日元以下罚金。此后，受20世纪90年代末期接连发生的协同饲料股票事件等操纵证券市场案的影响，1991年法修订时大幅提高了针对法人的罚金幅度，由300万日元以下修订为3亿日元以下。1998年大幅修订该法时将刑罚幅度提高为对自然人单处或并处5年以下惩役或500万日元以下的罚金，对于法人处5亿日元以下罚金。而在2007年的又一次大幅修订后，旧《证券交易法》被更名为《金融商品交易法》，其中针对操纵证券市场罪以及以操纵证券市场为目的的散布流言罪的刑罚幅度再次加重，变为对自然人单处或并处10年以下惩役或1000万日元以下罚金，对于法

人处 7 亿日元以下罚金。

2. 提高法定刑的原因。之所以接连不断地提高法定刑的原因在于：

（1）随着国民经济的发展与民众收入水平的提高，原先设定的罚金刑幅度已不足以遏制行为人的犯罪欲望，而公司近年来的平均资产额也有较大程度的提高，对法人的罚金刑如不增加，也难以起到剥夺其再犯能力的效果，换言之，立法者始终认为针对经济犯罪，刑罚的主要机能是一般预防与特殊预防相结合，因此必须根据经济发展情势不断提高罚金刑的幅度以追求最佳的处遇效果。

（2）尤其是自 20 世纪 90 年代前后以来，协同饲料股票事件、东京钟表制造股份公司股票事件、日本热学工业股票事件、日本锻工股票事件、藤田观光股票事件、日本尤利西斯股票事件、昭和化学工业股票事件、东急电铁股票急升事件等一系列影响恶劣的操纵证券市场案件被揭发，并经媒体广泛宣传后为民众所熟知，国民对于该类事件的严重危害性的认识也逐渐加深，加之 90 年代初期崩溃的泡沫经济使日本丧失了十年的发展机遇，并深切地影响了普通市民的生活，由此，业界、舆论界以及国民普遍达成了应对该类行为加重处罚，以防止再次引发大规模经济崩溃局面的出现。

（3）其他的证券犯罪，如内幕交易罪、安定操纵罪等在此期间也不断提高刑罚幅度，而一直以来，业界都认为操纵证券市场罪是远甚于内幕交易等罪的最为恶劣的证券犯罪，其刑罚应远重于内幕交易等罪，既然其他的证券犯罪的刑罚幅度都在逐渐提高，那么为了维系本罪与其他证券犯罪的刑罚比重，也理应不断提高之，以现行法对本罪与内幕交易罪的刑罚规定为例，本罪对自然人的刑罚幅度为单处或并处 10 年以下惩役或 1000 万日元以下罚金，对法人为 7 亿日元以下罚金，而对内幕交易的刑罚幅度为 5 年以下惩役或 500 万日元以下罚金，对法人为 5 亿日元以下罚金，前者远高于后者。

这是日本法在惩治证券犯罪方面与欧美法最大的区别，欧美法中大多将内幕交易作为最为严重的证券犯罪，规定最重的刑罚幅度，而日本却恰恰相反，原因在于一方面业界认为操纵证券市场罪往往是由公司实行，并动辄使用巨额资金，造成的破坏远甚于一般是为了自身利益而隐秘地实行的内幕交易罪；另一方面，业界始终未能对内幕交易对证券市场的严重危害性予以足够的重视，并认为内幕交易常常与操纵证券市场相伴而生，因此，可以根据观念竞合或者数罪并罚理论适用关于操纵证券市场罪的刑罚规定，因而实践中对内幕交易的处罚幅度不会太低。

（二）实刑幅度分析

此外，虽然大量的操纵证券市场案件被揭发，但实践中对行为人处以实刑判决的案例少之又少，原因在于：（1）经济犯罪是对交易公正、秩序维持等抽象法益的侵害，从罪刑均衡的观点来看不宜处以过重的刑罚；（2）许多经济犯罪是为了公司而非个人利益实施的，因此不应让个人承担过重的责任；（3）自由刑过于痛苦，而且将有前科的暴力团成员和工薪阶层同处惩役不仅显失公平且处遇效果不理想；（4）日本的刑事政策一直重视特别预防，针对再犯可能性不大的白领阶层一般很少运用惩役实刑。①

虽然日本法针对操纵证券市场罪主张以刑罚处罚作为主要的规制手段，但却无意中树立起了两种错误理念：（1）将刑罚处罚与行政制裁放在对立的层面上看待。例如，直到2005年《证券法》中才增设了针对本罪的课征金制度，但监管部门却认为课征金与罚金的同时适用有导致二重处罚之嫌，因此实际查处案件时处以课征金的情形少之又少，欧美法倡导的发挥行政制裁的灵活性、快捷性以应对该类犯罪的理念被日本监管部门完全忽视。（2）对犯本罪的刑罚处罚也过于缓和，虽然针对犯本罪的行为人应以特殊预防为主，但这并不代表惩役实刑便不能发挥特殊预防的功效，相关事件也证明，对于该类行为人仅处以罚金的不痛不痒的惩处措施正是导

① ［日］佐伯仁志：《规制缓和与刑事法》，载《法学家》No. 1228。

致日本证券市场上操纵行为频发的主要原因。

第二节 中国法关于本罪的规制措施分析

如上所述，仿照欧美法的有效规制措施，如欲有效地规制操纵证券市场罪等证券犯罪，则需要在预防机制与惩治机制两个层面上实现联合规制，在预防机制的层面上，则是超越刑罚甚至刑事司法范围的包含经济机制、行政监管乃至精神文明建设等范畴的各种预防措施的综合运用，而在惩治机制的层面上，则至少应发挥刑罚与行政处罚的双重效果，因此，下文中将分别研讨预防机制的构建、刑罚的设定及量刑方法的改进，以及行政处罚的适用三个层面上的规制措施的完善问题。

一、预防机制分析

如上所述，预防机制是一个涵盖范围极广的概念，除去类似“中国城”、可疑交易报告制度等经济预防机制外，金融监管体系的完善、刑事司法的完备化等都可以被纳入其中。中国研究者提出了不同的规制机制构想，如有观点认为，预防金融犯罪的三大策略分别是：（1）加强刑事司法，如定罪概率与刑罚威慑力的加强、刑罚严厉程度的提高、以监禁刑为主，辅之以罚金刑的刑罚形式、法定刑幅度的提高、刑种的完善等；（2）加强金融系统管理，如由合规性监管向防范性监管转变、由行政监管为主向行政监管与行业自律相结合的转变、由分头监管向协作监管转变、由现场稽核向非现场稽核转变等；（3）加强社会文明建设。①

另有观点认为应从如下九个方面实施管控：（1）以综合治理作为基本政策；（2）提高司法机关的法律专业水平，强化对金融犯罪的打击；（3）道德预防机制的构建，如纯化金融机构从业人

---

① 胡启忠等：《金融犯罪论》，西南财经大学出版社 2001 年版，第 485 页以下。

员的队伍、建立和完善信用保障制度；（4）金融机构自身的内部建设与控制，对于这一点，另有观点指出应加强金融机构的内控[①]；（5）完善金融市场和金融市场监管体系与制度；（6）建立和完善政府主导的金融犯罪预警机制；（7）预防和控制金融犯罪嫌疑人外逃；（8）加强国际合作，打击和预防国际性金融犯罪。[②]

综合上述观点，在操纵证券市场罪的预防机制问题上，笔者认为应从金融机构及其从业人员、金融市场以及政府主导三个方面着手：

1. 金融机构及其从业人员自律机制的完善，这不仅涉及相关道德机制的构建问题，而且还包括更为基础的、也是至关重要的内部管控体制的建设与完善，在道德机制的层面上，需要通过净化从业人员队伍，提高其素养等方式实施，在内部管控机制的层面上，则需要完善信息流通机制，如“中国城”制度，完善金融机构及其从业人员的信用保障机制，完善可疑交易报告制度与内部人员交易报告制度等。

2. 金融市场监管体系的完善，其中又包括：信息披露规则的完善，如及时披露与推迟披露规则；内部人员交易约束制度的完善，如内部人员名单制度与内部人员交易报告制度；监管机关处置水平的提高，与杀人罪等犯罪相比，操纵证券市场罪等证券犯罪俗称为“白领犯罪”，因为其具有技术性、隐秘性等特征，对其进行调查处理时需要监管机关及工作人员具有较高的技术水平，因此，监管处置水平的提高便成为成功预防该类犯罪的根基所在。

3. 政府主导下的金融预警机制的完备化，如在各监管机构之间实现信息的自由流通与共享，加强各监管机构的合作追查力度，

---

① 白建军：《金融犯罪的危害、特点与金融机构内控》，载陈光中、丹尼尔·普瑞方廷主编：《金融欺诈的预防与控制》，中国民主法制出版社1999年版，第107页。

② 参见曲新久：《金融与金融犯罪》，中信出版社2003年版，第94～100页，本书引用时省略了第九项“针对不同的金融犯罪，采取不同的预防措施”。

此外，随着国际金融市场一体化趋势的渐趋增强，加强国际合作，提高跨国性的预防证券犯罪与预防跨国性证券犯罪的能力。

二、现行刑罚规定及效果评析

（一）自由刑的设置评析

1997年刑法制定之初以及1999年《刑法修正案》中对于本罪的自由刑设置都是“情节严重的，处5年以下有期徒刑或拘役”，而并未规定“情节特别严重”时的刑罚幅度，直到2006年，《刑法修正案（六)》才对本罪的情节严重与情节特别严重分别设定了不同的刑罚幅度：犯本罪，情节严重的，处5年以下有期徒刑或拘役；情节特别严重的，处5年以上10年以下有期徒刑。针对不同情节设置不同的刑罚幅度堪称此次刑法修正案的一大亮点，但问题在于：司法解释中关于本罪的情节严重以及情节特别严重的认定标准尚不够明晰，该问题已在前文中有所论述，此处不再赘述。

此外，与美国法针对该类犯罪设置了严厉的自由刑并规定了详细的量刑标准相比，中国法似乎尚存在较大的不足。例如，在自由刑的严厉程度方面，中国法规定最高不得超过10年，与之相对，美国法则规定最高可以达到20年，后者是前者的1倍，而且，前者是指“以下”，则不包括基数，即不能判处10年，而后者是指“最高可以达到”，即可以判处20年，仅就自由刑刑期的设置来看，中国法在严厉程度方面完全无法与美国法相比。而美国法也正是利用了这种极其严厉的刑罚规定才得以震慑住诸多蠢蠢欲动者，并且，在实际的处置过程中，也正是这种严厉的刑罚才使得绝大多数违法乱纪者一旦接到SEC的通知便乖乖地与之达成和解，吐出违法所得并缴纳罚款。

反观中国，在证券犯罪领域中，这种依靠严厉刑罚的威慑力以实现一般预防并促进行政制裁机制充分发挥作用的功效几乎无法看到，虽然在表面现象上，进入刑事程序乃至得出实刑判决的案件也如同美国般极为稀有，但原因却迥然有别，中国的问题并非如美国般源于预防与制裁双重效果的充分发挥，而是由于监管部门的职权有限，追究机制的效率低下，惩处措施的配合不力，而其中的任何一方面都与刑罚严厉程度的不够密切相关。正因此，有研究者建议应大幅度地提高本罪的刑期，将法定最高刑定为15年，甚至不妨设定为无期徒刑。①

再者，在量刑标准的问题上，美国量刑指南不厌其烦地为本罪设定基本等级、递进标准，计算方法，而中国法中仅大而化之地规定5年以下有期徒刑或拘役、5年以上10年以下有期徒刑，须知5年以下与5年以上10年以下的规定幅度都太过宽泛，况且配套设置的“情节严重”、“情节特别严重”的标准都甚不明确，其中为司法部门留下了过宽的自由裁量空间。

对比两国量刑标准，可以看到一个奇怪的现象：坚持普通法传统的美国法一直以立法的方式对自由裁量权进行严格的限制，有时甚至难免有过于实证之嫌，而传承大陆法传统的中国法却似乎对此采用了听之任之的态度，其中深意值得反复吟味。不仅是本罪，刑法中关于其他犯罪的刑罚设置一般也都留有宽泛的操作空间，原因或许在于法制建设的初级阶段上，立法应宜粗不宜细，首先搭建整体的法制框架，而后再进行细致的缝合，但目前的法制建设也已进入了全新的阶段，立法的指导思想也在从“宜粗不宜细”向“宜细不宜粗”转变，粗放型的立法模式已逐渐被简约型的立法模式所取代，在这种大背景下，笔者认为关于本罪的刑罚设置也应适时地作出修订，主要表现在如下两方面：

1. 提高自由刑幅度，但前提是充分发挥监管机构的职能，尤其是实现刑罚与行政处罚的协同作业，以激发刑罚的一般预防功效的发挥并保障行政处罚能够发挥最佳的处置效果。

2. 细化刑罚的裁量标准，在该问题上，有两方面的改正方向：

---

① 参见赵运锋、牧晓阳：《操纵证券交易价格行为的刑法研究》，载《金融教学与研究》2008年第6期。

一是设定跨度较小的自由刑幅度，并针对不同的幅度设定更为详细的认定标准，二是制定类似美国量刑指南般的更具可操作性，也更能防止滥用自由裁量权的裁量标准，笔者更倾向于第二种方向，但就目前的中国立法而言，其操作难度过大，恐怕只能是画饼充饥了。

（二）罚金刑的设置评析

1997 年刑法制定之初以及 1999 年《刑法修正案》中都仅规定本罪的罚金刑为并处或单处违法所得 1 倍以上 5 倍以下罚金，而并未规定“情节特别严重”时的罚金问题，直到 2006 年，《刑法修正案（六）》才对本罪的情节严重与情节特别严重分别设定了不同的罚金刑，如情节严重的，单处或并处罚金，情节特别严重的，并处罚金，但令人费解的是，该修正案抛弃了原法条中详细规定罚金额度的做法，改为泛泛地规定为“并处罚金”。至于罚金的计算基准，如是否应以违法所得为计算起点，或罚金的计算倍比，如是否应在 1 倍以上 5 倍以下计算等问题完全欠缺必要的说明，这种规定方法虽然有利于司法部门依据案件情况灵活处置，但造成的危害却是将决定权完全交由司法部门行使，特别是在针对操纵证券市场罪这种往往涉案数额巨大的经济犯罪问题上，根据目前查处该类犯罪的实际规定，涉案数额与办案部门的提成密切相关，因此，受贪利情绪的刺激，办案部门本就倾向于尽可能多地追究涉案数额以获取更多的提成，故而如果不对罚金的计算额度作出限制的话，则必然给办案部门留有过于恣意的操作空间，而以惩处为名行诈取之实的做法也必然会恣意横行，长此以往，司法部门的公信力将会受到严重的侵蚀。

因此，虽然不明确规定罚金刑的计算额度的做法有利于查处部门依据实情分别处罚，但却是以侵害司法部门的公信力为代价的，既然害远甚于利，那么自然应否弃这种做法，再次修订刑法时明确规定罚金刑的计算额度，如修改为：犯本罪情节严重的，单处或并处违法所得或避免损失的数额 1 倍以上 5 倍以下罚金，情节特别严重的，并处违法所得或避免损失的数额1倍以上5倍以下罚金。而之所以采用“违法所得或避免损失数额”的表述方式，是因为违法所得一般是指财富的积极增加，虽然操纵证券市场罪一般是为了攫取不法利益，但有时行为人也会为了防止股价跌落，自己遭受损失而进行操纵，因此，如果仅规定违法所得，则无法保证对后一类行为进行惩处。在违法所得或避免损失数额的计算方面，由于证券的交易价格每时每秒都在发生变化，而交易行为也包含卖出与买入两种方式，无论卖出还是买入往往都是频繁、交错发生的，并且，在交易结束后，行为人持有的一定期间内，证券价格还是会不断波动，因此，在实际计算问题上可能会略显复杂，笔者认为：在计算违法所得或避免损失数额时，应以行为人最终获得的非法利益为准，即以操纵行为结束并持续一定时间后的证券价格乘以此时的持有量以进行认定，而所谓的“持续一定时间”，应根据证券流通量的大小、交易价格的涨跌幅度、行为人操纵的证券占总证券数量的比重等因素以作出认定，可以在数小时，甚至数个交易日内做出判断。

三、行政处罚的改进与刑罚的结合

（一）行政处罚的改进与刑罚的结合概述

如上所述，在惩治操纵证券市场罪方面，美国法愈来愈重视刑罚的威慑作用，与之相对，欧盟法仍坚持行政处罚的核心地位，但是，前者针对本罪设置的行政制裁及实施措施也极为丰富，而后者之所以更重视行政处罚是出于防止有过度干预各国内政之嫌。总之，无论美国法还是欧盟法都注重发挥刑罚与行政处罚的合力作用，只是在重视焦点上略有不同而已。反观中国，依据现行证券法以及《暂行条例》的相关规定，可用于惩治操纵证券市场行为的行政处罚措施包括：警告、行政罚款、没收违法所得、市场禁入、停止发行资格、限制或暂停经营业务、撤销业务许可等，虽然似乎种类也并不少，但却与美国法中更为丰富的诸如行政罚款、吐出违法所得与没收违法所得、发布禁止命令、发布中止和终止命令、发布市场禁入与业务资格限制命令等在适用范围与惩处效果方面完全不在同一等级。况且，美国法的特色在于能够将刑罚与行政处罚灵活地糅合在一起，针对不同的行为作出不同的处罚决定，而如欲实现该目标，则必须依赖于一个拥有高度自主权限的监管机关，而这正是中国法的欠缺所在。

（二）中国法中行政处罚措施分析

虽然中国法中也规定了七类处罚措施，但如仔细分析法律法规，则会发现如下问题：

1. 证券法中认可的行政处罚措施只有警告、没收违法所得、行政罚款、市场禁入四种，对于这种严重的经济犯罪，警告的惩戒力实在是可以忽略不计的，在此不再讨论。

2. 在没收违法所得方面，《证券法》第 203 条仅简单地规定“责令依法处理非法持有的证券，没收违法所得”，并未详细规定违法所得的认定方法，此外，本应对该问题做出详细解释的《暂行条例》也只是泛泛地规定：“没收其非法获取的款项和其他非法所得”，因此，关于违法所得究竟应如何计算，证券法中的“违法所得”与《暂行条例》中的“非法获取的款项和其他非法所得”的关系等问题都甚不明确，这必然会造成执法上的混乱。此外，证券法关于行政罚款的计算方法也是“违法所得 1 倍以上 5 倍以下”，至于该违法所得是否应包含所避免的损失额的问题依旧语焉不详。

3. 尤其是市场禁入制度，第 233 条第 2 款仅规定所谓证券市场禁入，是指在一定期限内直至终身不得从事证券业务或不得担任上市公司董事、监事、高级管理人员的制度。至于何时才能决定终身市场禁入，以及一定期限的计算方法的判断标准等问题都欠缺详细的解答。按照目前的规定，只有在违法行为被查证属实后违法主体才能被禁止进入市场，但这似乎是远远不够的，因为在目前的证券市场上，经常会出现监管部门在追查某证券的操纵市场行为的同时，该证券的交易价格却逆势上涨的异常现象。因此，应制定相应的规则规定在违法行为的查处过程中，监管部门可以对涉嫌违法的主体作出“暂时性禁入或暂时停止交易的临时措施”[①]，以保证调查活动的顺利进行与不明真相的投资者免受损害。

此外，关于市场禁入的时间，虽然根据证监会2006年6月颁布的《证券市场禁入规定》第5条的规定，市场禁入的期间因行为人违法行为情节严重的程度而划分为三个档次：3年至5年；5年至10年；终身。对于“违反法律、行政法规或者中国证监会有关规定，情节严重的”违法行为，可以采取3年至5年的证券市场禁入措施；对于“行为恶劣、严重扰乱证券市场秩序、严重损害投资者利益或者在重大违法活动中起主要作用等情节较为严重的”违法行为，可以采取5年至10年的证券市场禁入措施，而对于有下列情形之一的，可以采取终身的证券市场禁入措施：（1）严重违反法律、行政法规或者中国证监会有关规定，构成犯罪的；（2）违反法律、行政法规或者中国证监会有关规定，行为特别恶劣，严重扰乱证券市场秩序并造成严重社会影响，或者致使投资者利益遭受特别严重损害的；（3）组织、策划、领导或者实施重大违反法律、行政法规或者中国证监会有关规定的活动的；（4）其他违反法律、行政法规或者中国证监会有关规定，情节特别严重的。

一眼便可以看出的是：虽然《证券市场禁入规定》中关于禁入期间以及情节严重程度的规定要比《证券法》第233条第2款更具可操作性，但《证券市场禁入规定》实际上仍未能对证券法的上述问题做出圆满的解答。例如，关于3年至5年的禁入标准，仅规定为“违反法律、行政法规或者中国证监会有关规定，情节严重的”，但关于如何才能构成情节严重，是否应由交易量，致使股价异常波动的幅度等计算标准的限制等未能做出答复，再如，关

① 钱元昌：《论操纵证券市场行为的治理》，载《消费导刊》2008年第11期。

于5年至10年的禁入标准，也仅仅笼统地概括为“行为恶劣、严重扰乱证券市场秩序、严重损害投资者利益或者在重大违法活动中起主要作用等情节较为严重的”，至于何为“严重”，何为“重大”等也未能再做说明，规定较为详细的仅仅是关于终身禁入的标准，但上述4款实际仍是在大而化之的进行概括，也欠缺具体适用性。总之，《证券市场禁入规定》作为行政法规，本应发挥细化解释《证券法》第233条第2款的功能，但其却显然未能做到这一点。

4. 对于惩治操纵证券市场行为极为重要的停止发行资格、限制或暂停经营业务、撤销业务许可三项措施，目前只能在《暂行条例》中找到相关规定，但关于如何才符合停止发行资格的条件，停止发行资格的时间应如何确定，如何才符合限制或暂停经营业务的条件，何时可以做出恢复决定，何时可以撤销业务许可等问题都未能详细进行说明，况且，《暂行条例》仅仅是行政法规，其效力远远低于证券法，上述三项重要的惩处措施如果不能在证券法中找到条文支持，则在具体适用时必然面临着效力较低，不易适用的危险。以上种种弊端，不仅涉及证券法律法规的修订问题，更是与中国针对该类犯罪的查处机制的改革、查处理念的转变、查处机关职能的提高等更为深层次的问题相关联的，是中国经济体制转轨中的关键步骤之一，其成败与否，则需要依赖于普通投资者、证券业界以及监管机关等多方面主体的联合作业。

附　录

操纵证券市场罪经典判例解析

一、欧美操纵证券市场罪经典判例解析

（一）Rex v. de Berenger 事件——首起操纵证券市场案件

1. 案情概要。

该案是有史料记载的首起利用散布虚假信息操纵证券市场的案件，欧美证券法研究界一般都将本案视为操纵证券市场案件的鼻祖。案件发生于1814年，正值法国与同盟国的激战处于生死存亡之刻，由于当时的英国法欠缺对证券市场秩序的有力监管，因此，不时便会出现同盟国业已胜利的传言从而带动伦敦股票市场的大幅上涨。1814年2月21日上午，一位身着戎装的男子从多佛乘车到达曼彻斯特后，随手将从法国带来的大把黄金撒给马车夫做路费，并沿途散布同盟军已进抵巴黎，拿破仑已被杀死的消息。受该信息的刺激，伦敦证券交易所的股价飞速上涨，但在此人迅速消失后，股价又一路狂跌。后经证券交易所查明，该男子名叫 de Berenger，普鲁士人，想从海军上将亚历山大·科克里恩爵士处谋取神枪手教员的职位，因此与上将的侄子小科克里恩交厚，在得知 de Berenger 将前往曼彻斯特时，小科克里恩与其策划了这场骗局，在股价大幅上涨期间，小科克里恩及其朋友趁机大发了一笔横财。证券交易所提起了诉讼，科克里恩等人被指控毫无正当理由共谋抬高政府公共基金和其他政府证券的价格，图谋损害可能在2月21日购买该等

股票的公众。[①] 虽然在庭审过程中，被告均辩称共谋提高政府基金的价格并不属于犯罪，甚至公共基金的价格越高，对国家越有利，因为公共信用也会越高。但法庭认为既然被告所使用的方法与所追求的目的都是不正当的，那么就无须探讨政府是否已经遭受了损害或者被告确实获得了利益，被告的行为必然构成犯罪。并且，法庭进一步指出："问题的本质在于，公众有权享受一自然而不受不当影响的市场。"[②]

2. 案件评析。

以本案为契机，英国法在惩治操纵证券市场的问题上翻开了崭新的一页，这种以散布虚假信息以操纵证券市场的行为被明确地定义为犯罪，这也是时至今日，英美法仍将散布虚假信息以操纵证券市场作为操纵证券市场罪之一种的原因所在。而在 1892 年时，在 Scott v. Brown, Doering, McNab & Co. 案件[③]中，针对被告利用交易行为操纵证券市场的事实，法庭同样认为其构成操纵证券市场罪，法官罗普斯更是明确地指出："我看不出虚假的谣言与虚假行为之间有什么实质性区别。"[④] 由此，操纵证券市场的行为方式由散布虚假信息拓展为各种交易行为，只要是违反自由公开的市场交易原则而进行操纵的任何行为都可能构成操纵证券市场罪。

---

① 参见［美］路易斯·罗思、乔尔·赛里格曼：《美国证券监管法基础》，张路等译，法律出版社 2008 年版，第 801 页。

② ［美］路易斯·罗思、乔尔·赛里格曼：《美国证券监管法基础》，张路等译，法律出版社 2008 年版，第 801 页。

③ Scott v. Brown, Doering, McNab & Co. 2 Q. B. D. 724 (1892).

④ ［美］路易斯·罗思、乔尔·赛里格曼：《美国证券监管法基础》，张路等译，法律出版社 2008 年版，第 802 页。

（二）Ernst & Ernst v. Hochfelder 事件[①]——欺诈的主观意图的认定

1. 案情概要。

Ernst & Ernst 是某会计师事务所的名称，在 1946 年至 1967 年间，受聘于芝加哥的一家名为“第一证券”的小型证券公司从事账簿与记录的定期审计工作，第一证券公司是中西部证券交易所（Midwest Stock Exchange）以及全美证券业协会的会员。该公司的总裁与大股东（持有 92% 的股份）Leston B. Nay 为了骗取普通投资者的资金而谎称其管理的账户可以保证投资者获得高利率的回报，通过这种散布虚假信息的方式，Nay 吸收了大量的闲散资金以充盈本公司的股价，但第一证券公司的经营却并未得到足够的改观。1968 年时，Nay 自杀身亡，在其留言中称第一证券公司已经破产，而自己的行为构成欺诈。因此，受骗上当的广大散户认为 Ernst & Ernst 事务所并未发挥应有的职能，否则便不会发生类似的欺诈事件。广大散户对 Ernst & Ernst 事务所提起了损害赔偿诉讼，起诉状的核心内容在于 Nay 的行为违反了 1934 年《证券交易法》第 10 条 b 项以及 SEC 规则 10b—5，而 Ernst & Ernst 事务所则因未能履行相应的职责应构成“教唆、协助”Nay 违法。[②] 由此，案件的核心争论集中在了 SEC 规则 10b—5 中的“操纵、欺诈手段”的含义方面，对此，法庭认为该词语应是专业术语，其含义可以概括为任何“旨在通过控制或认为影响证券价格欺骗或欺诈投资者的故意或蓄意的行为”。[③]

2. 案件评析。

自此，关于操纵证券市场等证券欺诈犯罪须具备“旨在通过

① Ernst & Ernst v. Hochfelder(425 U. S. 185),1285.

② ［美］路易斯·罗思、乔尔·赛里格曼：《美国证券监管法基础》，张路等译，法律出版社 2008 年版，第 734 ~735 页。

③ ［美］路易斯·罗思、乔尔·赛里格曼：《美国证券监管法基础》，张路等译，法律出版社 2008 年版，第 736 页。

控制或认为影响证券价格欺骗或欺诈投资者的故意或蓄意”的主观意图的标准得以确立，SEC 以及法庭在追究行为人的操纵证券市场责任时，首先同时也是最重要的认定对象便是这种主观意图的成立。但同时也须指出的是，由于判决书中对于该主观意图的具体内容及判断标准的认定方法等未作更详细的论述，尤其是对于普通法中也时常使用的“欺诈”一词，法庭仅泛泛地指出本类操纵行为中的“欺诈”不同于普通法中的“欺诈”，但却未能解释两者的区别究竟何在。由此也导致了诸多异论。例如，如果坚持普通法中的欺诈标准，则其范围须受到严格的限定，不仅需要证明行为人明知其行为的虚假性，还需要证明其具有“欺骗”的意图，即行为人应同时具备认识要素中的明知与意志要素中的“欺骗”，而如果略作宽泛的解释，则有可能将疏忽等近乎于过失的主观要素也纳入其中。因此，在此后的众多案件中，尤其是在各巡回法庭审理的案件中，对于该主观要素都分别提出了不同的内容及认定方法，而其中被引用最广的是 1977 年第七巡回法庭在 Franke v. Midwestern Okla. Dev. Auth. 案件中的陈述，该陈述对该主观要素做了略微扩张的解释，不仅将普通法中的“欺诈”纳入其中，而且还认为“严重的粗心大意”亦可构成本行为中的“欺诈”。此后该标准得到了大多数巡回法庭的认可，在 Gental Bank 案件中，针对是否可以将 1934 年《证券交易法》第 10 条 b 项中的“欺诈”解释为粗心大意或者故意不当行为的问题，法庭再次重申了可以解释为粗心大意的态度。总而言之，历经 Ernst & Ernst v. Hochfelder 案件、Franke v. Midwestern Okla. Dev. Auth. 案件、Gental Bank 案件后，美国法针对操纵证券市场罪等证券欺诈犯罪的主观要件，确立起了“旨在通过控制或认为影响证券价格欺骗或欺诈投资者的故意或蓄意”的标准，并明确指出了其中的主观要件可以将从普通法意义中的欺诈到严重的粗心大意等主观要素都纳入其中。

（三）Santa Fe Industries，Inc. v. Green 事件[1]——操纵行为的抽象概括与具体形式的确定

1. 案情概要。

Santa Fe 公司收购了 Kirby 公司 95% 的股份后，根据特拉华州法的规定，两公司需在较短的时间内进行“简易兼并”，在收购及兼并期间，两公司的股价出现不同程度的涨跌，Kriby 公司的股价跌至每股 125 美元左右，而 Santa Fe 公司决定的收购价格为每股 150 美元。对此，Kriby 公司的中小股东认为该兼并是欺诈性与操纵性的，因而并未向特拉华州衡平法院申请法定评估救济，而是以该合并的主要目的是取消 Kriby 公司的小股东持股，且交易价格并不公平为由，诉请联邦法院依据 1934 年《证券交易法》第 10 条 b 项以及 SEC 规则 10b—5 宣布兼并无效或者以更为合适的股价（即收购开始前的每股 772 美元）给予补偿。[2] 对于该诉讼请求，一审法院予以了驳回，理由是被告 Santa Fe 公司在此前已经对兼并事项进行了充分的公示，既然是公开的兼并，则不存在虚假或误导性的陈述，因此也不再属于 SEC 规则 10b—5 的监控范围。但第二巡回法院驳回了一审判决，认为虽然没有虚假或误导性的陈述，但由于 Santa Fe 公司是在非公司目的的情况下实施了不公平的兼并行为，“多数股东通过实施无合理商业目的的兼并，违反了其应与少数股东公平交易的职业诚信义务”，[3] 因此应认定为违反了 SEC 规则 10b—5。该案件被上诉至联邦最高法院，争论点主要围绕被告的行为能否构成 SEC 规则 10b—5 中的欺诈展开，最高法院认为 Santa Fe 公司的行为确实构成违反公平诚信的行为，但却并不是 1934 年《证券交易法》第 10 条 b 项规定的操纵行为，因而也不受 SEC 规

[1] Santa Fe Industries, Inc. v. Green, 430 U. S. 462 (1977).

[2] 参见［美］路易斯·罗思、乔尔·赛里格曼：《美国证券监管法基础》，张路等译，法律出版社 2008 年版，第 701 页。

[3] 参见［美］路易斯·罗思、乔尔·赛里格曼：《美国证券监管法基础》，张路等译，法律出版社 2008 年版，第 701 页注［1］。

则 10b—5 的监管，作为说明理由，最高法院对“操纵行为”的含义进行了解释，是指“一些特定的行为，如洗售、对敲、稳定股价等通过人为影响市场活动以误导投资者行为的行为”。

2. 案件评析。

该案的意义体现在最高法院对“操纵行为”的抽象概括与具体列举两个层面上：

（1）在抽象概括层面上，虽然最高法院关于兼并行为不构成 SEC 规则 10b—5 中的“操纵行为”的理由似乎有些勉强，但最高法院关于操纵行为的高度概括——通过人为影响市场活动以误导投资者行为的行为——却被后来的判决所广为接受，任何人为的、违反公平诚信原则以影响证券市场，从而误导普通投资者实施交易的行为都被视为操纵证券市场行为，从而为下级法院的灵活适用提供了充足的操作空间，并且，此后的欧盟、日本以及中国在制定证券法时都遵循了该概括思路，以“人为影响证券市场活动以误导投资者”的表述作为操纵行为的概括。

（2）在具体列举层面上，关于“洗售、对敲、稳定股价”三种具体操纵方式的列举几乎涵盖了所有的操纵证券市场行为，从此之后，这些在美国证券市场上屡见不鲜的操纵行为更是成为 SEC 治理的重点，也为此后欧盟、日本以及中国证券法的列举规定提供了参考，各国、各地区一般都将上述“洗售、对敲、稳定股价”等行为规定为犯罪。例如，洗售行为便是我国刑法、证券法中规定的自买自卖与虚假买卖两种方式，对敲行为则包含了通谋买卖、连续买卖、联合买卖、相互买卖等多种操纵方式，而稳定股价行为则是安定操纵行为（日本法与台湾地区相关法律中皆明文规定了该方式）的另一种称呼而已。

二、日本操纵证券市场罪经典判例解析

（一）协同饲料股票事件——最早的揭发事件

1. 案情概要。

协同饲料股份公司是在东京证券交易所上市的股份公司，截止至1972年3月，该公司的贷款金额已累计超过108亿日元，仅利息等便高达9.1亿多日元，如此庞大的贷款数额给公司造成了巨大的压力，为了扭转颓势，该公司决定发行新股以调配资金，并在董事会上达成了通过发行新股以筹措30亿日元资金的决定。此后，各负责人员分头委托日兴证券公司、大和证券公司、野村证券公司设在横滨的分公司实施资金调配的前期工作。日兴证券公司的横滨分公司代理经理提出了由股东承担1150股，公开募集1250股的提案，并被协同饲料公司的副社长所采用。为保证能筹措到预定的资金，需要将该股票在公开募集之前的交易价格维持在每股200日元左右，而为实现该目标，则需要将其股价拉升至每股280日元左右，但当时该股的价格仅在每股170～180日元徘徊。为此，该公司的副社长A、董事会经理部长B请求日兴证券公司横滨分公司的代理经理、大和证券公司横滨分公司的副经理、野村证券公司原町田分公司的经理实施操纵行为。经过协商，A、B以及上述三家证券公司的干部自1972年7月27日起至同年9月26日止，采用买入又卖出、卖出又买入的操纵方法，共买卖了614.8万股该股票，并且还利用虚假买卖的方式交易了10.4万股该股票。其结果是，9月26日时，该股票价格被提高至每股256日元，翌日维持在220日元。但此后股价的持续回落已成定势，而由于公开募集时间定在同年10月11日至11月9日，所以到时股价很有可能跌穿每股200日元。为保证股价的稳定，上述诸名人员又在同年10月2日至11月8日间，再次对86.6万股该股票进行操纵，从而使股价由每股

220 日元稳定至 234 日元。①

2. 案件评析。

该案件是日本的首起被揭发的操纵证券市场事件，因此备受业界关注。此外，该案件的特色还在于：

（1）由于行为人在 1972 年 7 月 27 日至 9 月 26 日之间的行为属于操纵证券市场行为，在 10 月 2 日至 11 月 8 日之间的行为属于安定操纵行为，而日本法中是将这两类行为分别设定为不同的罪名的，因此，该案件同时被作为日本的操纵证券市场罪与安定操纵罪的始发事件加以讨论。

（2）由于法律规定认定操纵行为的成立时需要认定行为人具有引诱普通投资者实施交易的主观目的，因此判例针对该问题进行了详细的讨论。受此影响，关于本罪是否是目的犯，法条规定的“使人误认为本证券的交易处于繁盛之中”的引诱要件的判断标准等问题直至今日仍是判例与学界研究的热点。

（3）如前所述，由于行为人同时触犯两项罪名，业界与民众普遍认为法庭会对罪犯处以较重的刑罚，但结果却有些出乎所有人意料，法庭仅判决协同饲料股份公司罚金 30 万日元，A 有期徒役 1 年零 6 个月，缓期 3 年执行，B 有期徒役 1 年零 2 个月，缓期 3 年执行，其他的几名证券公司干部被判处徒役的时间均未超过 1 年，其中 1 名为 10 个月，另 3 名均为 8 个月，且都缓期 2 年执行。这种过于宽和的处刑态度完全是对该类犯罪的放纵，由此导致的后果是此后的所有同类案件几乎都以极短的徒役刑附加少量罚金了结，刑罚针对经济犯罪的一般预防功能被完全忽略，况且由于当时的日本法中关于操纵证券市场行为的行政处罚机制也近乎空白，因此，此后日本的证券市场中同类案件几乎是以难以遏制的势头频繁发生。

---

① 参见［日］神山敏雄：《日本的证券犯罪》，日本评论社 1999 年版，第 30 ~ 31 页。

(二) 日本锻工股票事件——虚假买卖与制造交易繁荣假象的目的要件

1. 案情概要。

日本锻工股份公司的67.5%的股份是非流通股，其余的32.5%的股票是流通股，约有330万股，其股价原本维持在每股220日元的水平上，但在1978年时，M工业公司开始收购该股票，在收购行为的刺激下，日本锻工的股价在1979年10月时已飙升为每股650日元，M工业公司将收购的部分股票卖给了日本锻工的母公司，并通过东京证券金融股份公司寻求其他买主，东京证券金融的代表董事A联系到了S公司的经理T，由T以每股475日元的价格购买M工业公司剩余的100万股日本锻工股票，但T提出了一项附加条件：如果该股价可以继续上升则由T继续持有，如果股价下跌则由M工业公司以原交易价格实施回购。出人意料的是，此后日本锻工的股价迅速下跌至每股200日元左右，M工业公司也难以承受，因而不履行回购协定。A感觉到自己应对T的损失承担责任，因此，与证券公司的外务员B自1980年6月2日起至8月19日止在东京第二证券交易所上通过18家证券公司对日本锻工股票反复实施虚假买卖，在56个交易日内共对388万股该股票实施了虚假买卖，并顺便真实买卖了44000股该股票，在这种大规模虚假交易的刺激下，日本锻工股票的价格由每股200日元飙升至1700日元。此外，A还伙同证券公司的从业员C、D在同年6月18日起至7月2日止对日本锻工的12.3万股股票实施通谋买卖。

2. 案件评析。

本事件同时涉及了虚假买卖、通谋买卖、连续买卖等操纵方式，而案件的争论点则主要集中在行为人是否具有法定的造成该证券交易繁荣的假象并引诱他人从事该证券交易的目的要件，尤其是关于构成操纵证券市场罪是否必须证明行为人具有造成该证券交易繁荣的假象的目的要件的问题，引发了激烈的争论，至今仍未能达成一致意见，也受该争论的影响，关于A与C、D实施通谋买卖的事实未能获得法庭的认可，但法庭也判定A与B的虚假买卖行为成立，对A判处2年有期惩役（实刑），对B判处1年有期惩役，缓期2年执行。虽然对于A与C、D的通谋买卖行为未能认定为犯罪，但本案毕竟将A与B实施的最为严重的虚假买卖行为成功地认定为犯罪，其关于虚假买卖行为的认定方法及处置态度为业界及研究界广为称颂，只是在刑罚处罚方面似乎仍存在不足：对于两名被告都未能判处罚金刑，因此其实际再犯能力并未受到削弱，而且也变相地起到了鼓励操纵行为的负面作用；此外，对两名被告的自由刑处罚都太过缓和，其中一名又是以缓期执行的方式得出，而较重的也不过是两年惩役，因此，可以说在以刑罚惩治经济犯罪的严厉态度方面，日本法似乎仍与美国法存在极大的差别。

（三）藤田观光股票事件——共同实行犯与帮助犯之争

1. 案情概要。

"光进"公司的代表董事K通过大规模收购成为了藤田观光股份公司的大股东，持股数额高达600万股，但在实施收购时，K曾从国际航业公司贷款约290亿日元，为了偿还给贷款，K需要将藤田观光股票的价格升至每股5200日元左右，为实现该目的，K与飞岛建设公司的元社长Y共谋，自1990年4月19日起至24日止的期间内，通过5家证券公司对74.1万股藤田观光的股票进行了买卖，受该买卖的刺激，藤田观光的股价迅速地由每股3780日元上涨至5200日元。K便乘机将所持有的600万股该股票全部抛出，由此获利300亿日元，其中纯利润90亿日元。①

2. 案件评析。

（1）共同实行犯与帮助犯之争。该判决同时在犯罪的认定与刑罚的裁量两方面存在问题，在认定犯罪方面。关于K的行为能否构成操纵证券市场罪的问题，东京地方法院几乎未遇阻碍地做出了肯定回答，认为被告的上述行为显然是出于制造交易繁盛的假象

① 参见［日］神山敏雄：《日本的证券犯罪》，日本评论社1999年版，第34页。

并引诱他人买卖该证券的目的，因而构成操纵证券市场罪。案件存在争论之处在于如何看待Y的行为，究竟是作为操纵证券市场罪的共同实行犯还是帮助犯处理。对于该问题，作为控方的东京地方检察院认为由于Y参与了K的买卖行为，因而应构成操纵证券市场罪的共同实行犯，但东京地方法院认为，在交易过程中，Y发挥的不过是帮助K实施买卖的功能，并且Y也未曾从K手中分得经济上的利益，因此，其行为不过是被K利用的帮助行为，Y应构成K的帮助犯。判决结果为：对K处1年零6个月的有期徒役，缓期3年执行，对Y处4个月的有期惩役，缓期1年执行。法院认定Y只是帮助犯的主要理由居然是“Y未曾从K处分得经济上的利益”，如果坚持这种思考方式，那么将如何认定行为人双方约定将来再分享利益的情形呢？此外，如果行为人已经约定好了分享利益但尚未实施即被查处时，又该如何处理呢？东京地方法院的思考方式显然无法回答上述问题，这是对刑法学中的帮助犯理论的曲解，行为人的行为构成共同实行犯还是帮助犯的判断基准应是其行为与实行犯行为之间的功能关系如何，而非形式上是否分享了利益。

（2）过轻的处断刑。在刑罚处罚方面，法院再次忽视了罚金刑的积极意义，原因或许在于：针对操纵证券市场等证券犯罪，日本司法界一直对罚金刑与罚款、吐出违法所得的共同运用问题抱有极为谨慎的态度，担心不同的处罚制度的同时运作可能会给违法者造成过重的负担，违反宪法规定的禁止双重处罚原则。但研究界普遍认为深层次的原因仍在于日本证券业界一直对证券犯罪可能造成的危害缺乏足够的重视，因而对于该类行为一直保有宽容的态度。此外，虽然本案中的两位行为人通过操纵行为获得了数百亿日元的巨额利润，但法院居然分别仅判处了1年零6个月与4个月的惩役，并且皆为缓期执行，其刑罚之轻微实在令人难以理解，而法院作出的解释是：与以往受到刑事追诉的同类案件相比，本案的犯罪期间较短，交易量也较少，故而涉案股票在普通投资者的交易股票总量中所占的比率较小，对普通投资者造成的直接损害较少，对其经济利益造成的影响也有限。[①] 该解释的积极意义在于：法院认为操纵行为对普通投资者影响的大小是认定操纵者刑事责任的重要依据，但消极之处在于：300 亿日元的高额利润居然被认为是“交易量较少”，让人实在不明白怎样的数额才能达到法官心中的巨额标准，而且法院还指出操纵行为实施的期间较短，但期间的长短不过是认定操纵行为是否恶质的因素之一，较短的期间附加巨额的交易时同样可以起到严重的破坏作用。因此，法院的判决结果以及理由说明中鲜有值得称道之处，这一点也为日本证券犯罪研究界广为诟病。

三、中国操纵证券市场罪经典判例解析

（一）亿安科技操纵证券市场案件

1. 案情概要。

亿安科技是中国大陆证券市场上的第一支股价过百元的股票，但当年的第一身价却并非是源于该公司的业绩突出，而是庄家操纵的结果。本案事实如下：1998 年 10 月，亿安集团决定收购深锦兴公司（即后来的亿安科技公司），同月 5 日起，广东欣盛投资顾问有限公司、广东中百投资顾问有限公司、广东百源投资顾问有限公司和广东金易投资顾问有限公司 4 家庄家公司利用各种方式对深锦兴公司的股票实施操纵，致使其持股量一路攀升，由当日的 33 万股（占该股总流通量的 1.52%）上升到 2001 年 1 月 12 日时的 3001 万股（占总流通量的 85%），受这种疯狂买卖的影响，自 1999 年 10 月 25 日起至 2000 年 2 月 17 日止的短短 70 个交易日内，亿安科技的股价由原来的每股 26 元飙升至 126.31 元，上述 4 家庄家公司所获利润的最高值曾超过 20 亿元。

① 东京地裁平成 5・5・19 判决，《判例 Times》1993 年第 817 号，第 237 页。

2. 案件评析。

该事件被称为中国大陆建立证券市场以来最为严重的操纵证券市场事件，其操纵轨迹具有明显的操纵证券市场案件的一般特征，分为：建仓阶段、控盘阶段、飙升阶段、回落盘跌阶段、快速下跌阶段，该事件的严重性不仅表现在操纵行为所获利润之高，还体现为4家庄家公司的操纵行为包括各种方式，极为丰富：首先是连续买卖，4家公司集中了资金优势，在长达一年半的时间内，利用627个个人账户和3个法人账户不断收购深锦兴公司的股票。其次是联合买卖，4家公司经常通过事先通谋，约定好交易时间、交易价格以及交易量，然后由一方卖出另一方买入。再次是虚假买卖，据证券会的调查，在此期间，亿安科技共有5126名股东，其中的2878名股东实际都处于4家公司的控制之下，由于4家公司控制了85%的股份，因此，剩余的2248名股东仅握有剩余的15%的股份，换言之，亿安科技的繁盛的交易行为中的绝大多数不过是在4家公司控制之下的内部交易而已，虽然名义上大多数交易在2878个账户之间进行，但实际不过是左手倒右手的自买自卖而已，所有权并未发生实质的改变。最后是散布虚假信息以操纵证券市场的行为，为了误导普通投资者，制造该股票是绩优股的假象，4家公司还在2000年前后交替陆续发布虚假信息，如亿安科技将与清华大学联合开发发动机与纳米电池，以刺激其股票交易进一步走向活跃。经过证监会的调查，4家庄家公司利用上述操纵行为共获利4.49亿元，因此，证监会于2001年4月23日作出处罚决定：没收4.49亿元的违法所得，并处罚款4.49亿元。这种退一赔一式的处罚模式正是美国法惩治证券犯罪的核心措施，因而该处罚决定颇具积极意义。只是，遗憾之处在于：据有关媒体的后续报道，广东金易投资顾问有限公司早已被注销，其他的3家公司也已人去楼空，幕后的真正推手亿安科技董事长罗成也已销声匿迹，法院的裁定书不得不以公告的方式作出。[①] 关于上述巨额罚单能否以及何时才能落到实处则完全不得而知了。

（二）香港“泛海酒店”股份操纵案

1. 案情概要。

该案是香港有史以来涉案数额最高的操纵证券市场案件，也是自《证券及期货条例》出台以来，香港的首起遵循公诉程序而提起刑事检控的操纵证券市场案件。据作为控方的香港律政司的指证，本案的四名被告为陈前远、欧阳文珍（陈前远妻妹）、陈前达（陈前远胞弟）、徐少峰（陈前远朋友），自 2005 年 8 月 1 日至 9 月 5 日期间，欧阳文珍、陈前远与徐少峰分别通过 12 家、8 家及 12 家证券经纪公司采用连续买卖、联合买卖等方式大肆收购或抛售“泛海酒店”的股票，涉及成交额约 1.9 亿港元，该交易行为导致“泛海酒店”的股价上升了 78%，市值上涨约 40 亿元，在上述期间内，三人收购该股票的总量共占该股票总买入量的 60.2%，而抛售量则占同期该股票总卖出量的 53.39%，属于明显的不正常交易。而陈前远则是三人实施操纵行为的幕后推手，据律政司的调查，陈前远曾多次为三者的操纵证券市场行为提供资金，并在三者获得收益后适时地回收资金，如 2005 年 8 月 12 日，陈前远曾向徐少峰户头中存入 247.4 万港元，此后不久，徐少峰便向证券经纪公司支付了 247.4 万港元，由此可以推断这笔交易委托应当是陈前远指使徐少锋实施的。此外，律政司在调查过程中还搜查了一家工业大厦单位，查获了大量文件，其中包括银行及证券买卖户口记录、证监会向陈前远及欧阳文珍发出的信件正本、陈前达的信件以及一本笔记本，该笔记本中记载有欧阳文珍、陈前达及徐少峰于 2005 年 8 月至 9 月期间买卖泛海酒店股份的手写记录，这进一步证实了四人通谋实施操纵证券市场行为的事实。因此，从严厉处罚以儆效尤的立场出发，法院判决陈前远 2 年零 6 个月徒刑，三名次要被告

① http://news.sohu.com/33/30/news146403033.shtml.

2年零2个月徒刑，同时各被告须向香港证监会支付28.84万港元的调查费用。对于该判决，主审法官指出：“四名被告所犯罪行是严重的市场操纵，涉案交易额数量巨大、涉及中介人数众多。为维护香港股票市场的正常运作，判决要有阻吓性，以防他人步其后尘。”①

2. 案件评析。

由于同属于英美法系，受美国证券法的影响，香港证券法在追究行为人的操纵证券市场责任时也借用了美国法的以较易举证的客观事实推证行为人的主观意图及犯罪成立的做法，本案便体现了这一特色。例如，证监会以陈前远向徐少峰的户头中存入的金钱与徐少峰向证券经纪公司支付的金钱数额相等，并且两行为发生的时间较近为由便推断该笔交易委托是陈前远指使徐少锋实施的，再如以陈前达的笔记本中记载的事实为由便推定了四名被告通谋操纵证券市场行为的成立。这种以较易证明的客观要件推定行为人的主观意图乃至犯罪事实成立的做法似乎有违罪刑法定主义之嫌，但如果考虑到该类犯罪行为实施的隐蔽性、难以侦破性等困难，该推定证明方法却最能发挥惩治效果，因而一直被美国SEC广泛应用。但还需指出的是，该推定方法还附有保护行为人权益的辅助措施，即行为人可以举证证明自己实施的行为并非是出于操纵证券市场的目的，或者本行为并不构成操纵证券市场罪。换言之，该推定方法只是实现了控方举证责任的简便化，首先允许控方以简单事实推定被告违法行为的存在，而后允许被告举出反证以避免被追究责任，如被告无法举证证明，则将被追究责任。这是一种类似于侵权行为法中的“过错推定原则”的责任分配机制，可以看做上述理论在证券犯罪领域中的活用。

而在判处的刑罚问题上，香港法院的态度也是令人鼓舞的，

---

① 舒时、郭兴艳：《香港最大操纵证券市场案宣判　4名被告被重判》，载《证券日报》2009年11月27日。

“判决要有阻吓性，以防他人步其后尘”的表述也显示出了司法界对操纵证券市场行为的严重危害性与刑罚的一般预防效果的积极意义的深刻认识，该种认识也恰恰是与美国法的相关态度相吻合的，也正是目前大陆证券犯罪规制理念中所欠缺的。

（三）武汉新兰德事件——以其他方法操纵证券市场案

1. 案情概要。

朱汉东是武汉新兰德证券投资顾问有限公司的董事长兼总经理，陈杰是武汉新兰德的签约客户。2006 年 11 月，武汉新兰德与陈杰签订了证券投资咨询服务协议，武汉新兰德向陈杰提供证券投资咨询信息，陈杰则向武汉新兰德不定期地支付咨询费用。2007 年 1 月 8 日，朱汉东推荐陈杰购买“健特生物”等 10 只股票。1 月 8 日、1 月 9 日、1 月 10 日，陈杰通过其控制的账户分别买入“健特生物”股票 166 万余股、268 万余股、131 万余股。1 月 10 日，“健特生物”股票的收盘价为 3.14 元，当日晚，朱汉东在“金融界”网站发表股评，公开推荐“健特生物”股票。次日，“健特生物”股票上涨 6.05%，陈杰随即抛出该股票。此后，自 2007 年 1 月 1 日至 4 月 26 日期间，武汉新兰德与陈杰继续采取上述合作模式，即由朱汉东预先向陈杰提供投资信息，陈杰负责购买相关股票，随后朱汉东通过网站股评公开推荐陈杰事先已购买的股票，刺激其股价升值，而后陈杰抛售该股票，并向武汉新兰德支付相应的咨询费用。在此期间，通过三方密切合作，陈杰共买卖“东风汽车”、“首钢股份”、“西藏发展”、“广东甘化”等股票 37 次，支付给武汉新兰德的咨询费用高达 735 万元。① 证监会经过调查后，认定上述行为违反了《证券法》第 77 条第 1 款第 4 项的禁止“以其他手段操纵证券市场”的规定，武汉新兰德与陈杰共同构成操纵证券市场行为的主体，朱汉东是直接责任人员，并作出如下处罚决定：（1）没收武汉新兰德违法所得 735 万元，并处以 735

① 中国证监会行政处罚决定书（武汉新兰德、朱汉东、陈杰），2008 [44]。

万元罚款；（2）对朱汉东给予警告并处以30万元罚款；（3）没收陈杰被证监会依法冻结的股票。

2. 案件评析。

这种咨询方与投资者勾结，投资者预先购入股票后，咨询方发布有针对性的股评以刺激股价上涨，从而联合渔利的情形在证券市场中可谓屡见不鲜。在本案中，证监会将该行为定性为“其他的操纵证券市场”的行为方式。但笔者认为，对于该类行为，不妨作为“利用信息优势操纵证券市场”处理，理由如下：

（1）该类行为能够操纵成功的主要原因在于对所谓“优势股”的提前介入，而这种所谓的“优势股”是行为人通过“优势”信息的时间差制造的，因此，可以视为对“优势信息”的利用方式之一。

（2）如第三章的相关部分所述，利用信息优势进行联合或连续买卖以操纵证券市场的构成要件中并不要求操纵者全部实施交易，在一方提供信息，另一方实施交易的情形中也是可以构成该类犯罪的。因此，笔者认为，该案完全可以作为利用信息优势实施连续买卖以操纵证券市场的案件处置，而没有必要定性为“其他的操纵证券市场”的行为。法条中的补足条款理应在确实无法依据其他条款处置时才能发挥功效，在能以内容详细、明确的条文解决问题时反而适用补足条款的做法有违法的明确性标准，更有造成恣意审判、自由裁量权的过度发挥之嫌。

再者，笔者对证监会的处罚决定也表示不解，对于武汉新兰德的“退一罚一”的处罚决定和对于朱汉东的30万元罚款尚属妥当，但如下处断方法则让人不免产生疑问：

（1）对朱汉东仅处以警告的处罚决定似乎过于轻微，对于这种严重扰乱证券市场的交易秩序与信息公布机制的行为，至少应处以一定期间的市场禁入才能发挥相应的惩戒意义。在股评监管尚不够规范的中国证券市场上，普通投资者面对口若悬河的众多“股评高手”本就抱有高度怀疑的态度，而武汉新兰德事件则显然加剧了投资者对该类人员职业素养的进一步差评，只有摆出一种严厉的处罚姿态，才能挽回投资者信心，并发挥以儆效尤的积极意义，而警告的处遇效果显然是无法与市场禁入相比的。

（2）证监会没收了陈杰被依法冻结的股票，但对于该股票中各类资金所占比率的问题却欠缺公开的说明，因此，该股票中究竟有多少是陈杰的非法所得，又有多少是其投入的资本金的问题甚不明确，虽然笼统的没收有便于实施的优点，但这种对具体份额不做区分的做法却不值得提倡。假设在某起案件中，行为人被依法冻结的账户财产完全是非法获利，那么，这种笼统的没收措施根本不会对其资力和再犯能力构成制约，完全不能发挥惩处的应有效果了。而正如前所述，对于证券犯罪，惩处机制的重要职能本应在于削弱或剥夺行为人的再犯能力，即资力。

此外，在类似本案的先购买“优势股”后劝诱普通投资者购买的情形中，由于交易发生在信息发布之前，如果该信息包含有内幕信息的要素的话，该行为可能会同时构成操纵证券市场行为与内幕交易、泄露内幕信息行为，此时如果符合想象竞合犯的构成特征的话，应以想象竞合犯处理。

参考文献

一、著作类

（一）中文著作

1. 马克昌主编：《经济犯罪新论：破坏社会主义经济秩序罪研究》，武汉大学出版社 1998 年版。

2. 马克昌主编：《犯罪通论》，武汉大学出版社 1999 年版。

3. 莫洪宪主编：《证券犯罪理论与侦查实务研究》，中国方正出版社 2005 年版。

4. 张天虹主编：《经济犯罪新论》，法律出版社 2004 年版。

5. 薛瑞麟主编：《金融犯罪再研究》，中国政法大学出版社 2007 年版。

6. 林国全主编：《证券交易法研究》，中国政法大学出版社 2002 年版。

7. 中国证券监督管理委员会稽查一局编：《证券期货稽查典型案例分析》，首都经济贸易大学出版社 2004 年版。

8. 张军主编：《破坏金融管理秩序罪》，中国人民公安大学出版社 2002 年版。

9. 郝银钟、王莉君：《证券违法与犯罪研究》，人民法院出版社 2004 年版。

10. 陈建旭：《证券犯罪之规范理论与界限》，法律出版社 2006 年版。

11. 盛学军主编：《欧盟证券法研究》，法律出版社 2005 年版。

12. 刘丰名：《国际金融法》，中国政法大学出版社 1996 年版。

13. 王晨：《证券期货犯罪的认定与处罚》，知识产权出版社 2008 年版。

14. 刘宪权：《证券期货犯罪理论与实务》，商务印书馆 2005 年版。

15. 唐丽子：《美国证券法》，对外经济贸易大学出版社 2004 年版。

16. 顾雷：《证券违规犯罪新趋势与认定处罚》，经济日报出版社 2002 年版。

17. 郑顺炎：《证券市场不当行为的法律实证》，中国政法大学出版社 2000 年版。

18. 朱伟一：《美国证券法判例解析》，中国法制出版社 2002 年版。

19. 赵志华等：《金融犯罪的定罪与量刑（修订版）》，人民法院出版社 2008 年版。

20. 张国轩：《商业犯罪的定罪与量刑（修订版）》，人民法院出版社 2008 年版。

21. 利子平、胡祥福：《金融犯罪新论》，群众出版社 2005 年版。

22. 胡华勇：《股票市场操纵行为监管研究》，法律出版社 2005 年版。

23. 王志华：《中国近代证券法》，北京大学出版社 2005 年版。

24. 顾肖荣、张国炎：《证券期货犯罪比较研究》，法律出版社 2003 年版。

25. 倪泽仁主编：《经济犯罪刑法适用指导》，中国检察出版社 2007 年版。

26. 陈立：《经济犯罪理论与实务（修订本）》，厦门大学出版社 2006 年版。

27. 王林清：《证券法理论与司法适用》，法律出版社 2008 年版。

28. 熊选国、任卫华：《刑法罪名适用指南·破坏金融管理秩序罪》，中国人民公安大学出版社 2007 年版。

29. 王文宇等：《金融法》，元照出版社 2005 年版。

30. ［美］托马斯·李·哈森：《证券法》，张学安等译，中国政法大学出版社 2003 年版。

31. ［美］路易斯·罗思、乔尔·赛里格曼：《美国证券监管法基础》，张路等译，法律出版社 2008 年版。

32. 卞耀武主编：《日本证券法律》，徐庆译，法律出版社 1999 年版。

33. 卞耀武主编：《美国证券交易法律》，王宏译，法律出版社 1999 年版。

34. 卞耀武主编：《法国证券、期货交易法律》，李萍、金邦贵译，法律出版社 1999 年版。

35. ［美］苏珊·夏皮罗：《白领犯罪》，孙宁译，江苏人民出版社 2002 年版。

36. ［美］莱瑞·D. 索德奎斯特：《美国证券法解读》，胡轩之、张云辉译，法律出版社 2004 年版。

37. 于秀峰：《证券犯罪经济学分析》，法律出版社 2008 年版。

38. 顾肖荣主编：《经济刑法》（6），上海人民出版社 2008 年版。

39. 刘明祥、冯军主编：《金融犯罪的全球考察》（中国人民大学刑事法律科学研究中心系列丛书），中国人民大学出版社 2008 年版。

40. 何家弘、顾永忠主编：《金融犯罪案件证据实务》，广东人民出版社 2003 年版。

41. 法律出版社法规中心：《新编证券期货纠纷办案手册》，法律出版社 2008 年版。

42. 法律出版社法规中心:《中华人民共和国证券期货法典》(应用版),法律出版社 2008 年版。

43. 高铭暄、赵秉志主编:《中日经济犯罪比较研究——21 世纪第 3 次(总第 9 次)中日刑事法学术讨论会论文集》,法律出版社 2005 年版。

44. 刘宪权主编:《中国刑法理论前沿问题研究》,人民出版社 2005 年版。

45. 刘宪权、卢勤忠:《金融犯罪理论专题研究——法学专题系列》,复旦大学出版社 2002 年版。

46. 刘建:《金融刑法学》,中国人民公安大学出版社 2008 年版。

47. 汪明亮:《刑事政策研究新视角》,法律出版社 2008 年版。

48. 北京市第二中级人民法院:《北京市第二中级人民法院经典案例解析》,法律出版社 2007 年版。

49. 徐立新主编:《现代刑事司法若干问题探研》,法律出版社 2007 年版。

50. 顾肖荣、倪瑞平主编:《金融犯罪惩治规制国际化研究——经济刑法研究丛书》,法律出版社 2005 年版。

51. 顾雷:《证券违规犯罪新趋势与认定处罚》,经济日报出版社 2002 年版。

52. 祝二军:《证券犯罪刑事立法原理——北京大学刑法学博士文库》,中国方正出版社 2000 年版。

53. 杨正鸣主编:《经济犯罪侦查新论——犯罪学大百科全书》,中国方正出版社 2004 年版。

54. 胡晓珂:《证券欺诈禁止制度初论:以反欺诈条款为中心的研究》,经济科学出版社 2004 年版。

55. 白建军:《1998—1999 年国家哲学社会科学研究规划项目:金融犯罪研究》,法律出版社 2000 年版。

56. 《办理经济犯罪案件最新认定追诉处罚标准》,中国人民公安大学出版社 2007 年版。

57. 张勇:《经济犯罪定量化研究》，法律出版社 2008 年版。

58. 陈云华主编:《公安机关办理经济犯罪案件实务》，四川大学出版社 2006 年版。

59. 陈立:《经济犯罪理论与实务》，厦门大学出版社 2006 年版。

60. 吕国梁编:《金融陷阱与骗局》，中国金融出版社 1998 年版。

61. 余光远主编:《经济大辞书》（第 1 版），上海辞书出版社 1992 年版。

62. 祝二军:《证券犯罪的认定与处罚》，人民法院出版社 2000 年版。

63. 何小锋、黄篙、刘秦编著:《资本市场运作教程》，中国发展出版社 2003 年版。

64. 姜丽勇主编:《证券违法案例》，经济日报出版社 2001 年版。

（二）外文著作

1. 今川嘉文:《相場操縦規制の法理》，信山社 2001。

2. 加賀譲治:《証券相場操縦規制論》，成文堂 2002。

3. 神山敏雄:《日本の証券犯罪》，日本評論社 1999。

4. 鈴木竹雄、河本一郎:《証券取引法》（新版），日本評論社。

5. 大崎貞和:《解説金融商品取引法》，弘文堂 2006。

6. 河本一郎、大武泰南:《証券取引法読本》（第 4 版補訂版）、有斐閣 2000。

7. 黒沼悦郎:《アメリカ証券取引法》［第 2 版］，弘文堂 2004。

8. 射手矢好雄、布井千博、周劍龍:《改正中国会社法・証券法》，商事法務 2006。

9. 児島幸良：《改正証券取引法・金融商品取引法のポイント》，商事法務2006。

二、论文类

（一）中文论文

1. 白鹰：《操纵证券交易价格罪防范对策新论》，载《天中学刊》2004 年第 3 期。

2. 李朝晖：《操纵证券交易价格罪之“操纵”行为解析》，载《广西社会科学》2004 年第 10 期。

3. 吴勋忠：《论操纵证券交易价格罪的行为方式》，载《湖南省政法管理干部学院学报》2002 年第 5 期。

4. 刘汝宽、张雯：《操纵证券交易价格罪的构成、特点及防治对策》，载《贵州警官职业学院学报》2000 年第 6 期。

5. 谢锡美：《全国首例操纵证券交易价格罪案研究》，载《华东刑事司法评论》2002 年第 1 期。

6. 马民革：《试论操纵证券交易价格罪》，载《法制现代化研究》2001 年第 1 期。

7. 房清侠：《试论操纵证券交易价格罪》，载《河南社会科学》2000 年第 2 期。

8. 崔开华：《操纵证券交易价格罪浅议》，载《山东工业大学学报》（社会科学版）2000 年第 1 期。

9. 付兆丽：《论操纵证券交易价格罪》，载《贵州省 2004 年刑法学年会论文集》2004 年。

10. 赵运锋：《操纵证券交易价格行为刑法对策——兼论前置法律责任的构建》，载《福建金融管理干部学院学报》2008 年第 5 期。

11. 赵运锋：《操纵证券交易价格行为及其治理对策》，载《广东金融学院学报》第 23 卷第 6 期。

12. 赵运锋、牧晓阳：《操纵证券交易价格行为的刑法研究》，载《金融教学与研究》2008 年第 6 期。

13. 董永格、杨新莉：《公诉纪实（下）操纵证券交易价格案》，载《中外企业文化》2003 年第 1 期。

14. 董永格、杨新莉：《公诉纪实（上）操纵证券交易价格案》，载《中外企业文化》2002 年第 23 期。

15. 罗文燕：《操纵证券交易价格之法律分析》，载《政法论坛》2002 年第 3 期。

16. 金泽刚：《操纵证券交易价格行为及法律责任》，载《中南财经政法大学学报》2002 年第 4 期。

17. 金泽刚：《操纵证券交易价格案件及相关法律责任问题研究》，载《江苏公安专科学校学报》2002 年第 2 期。

18. 金泽刚：《操纵证券交易价格行为的认定及其法律责任》，载《华东政法学院学报》2002 年第 1 期。

19. 金泽刚：《操纵证券交易价格的法律责任问题新论——对两起操纵证券交易价格案件的法律透视》，载《国家检察官学院学报》2002 年第 5 期。

20. 陈洁平、赵永臣：《操纵证券交易价格犯罪证据的收集》，载《北京人民警察学院学报》2003 年第 6 期。

21. 晁玉凤：《一起典型的操纵证券交易价格的犯罪——对联手操纵“亿安科技”股票价格案的认定》，载《郑州工业高等专科学校学报》2002 年第 2 期。

22. 陈洁平：《操纵证券交易价格犯罪侦查分析》，载《中国刑事警察》2002 年第 4 期。

23. 王鑫：《论操纵证券交易价格行为及其法律责任——兼议证监会对亿安科技操纵案的处罚》，载《中国人民公安大学学报》2001 年第 5 期。

24. 王鑫：《我国当前操纵证券交易价格违法犯罪的特点》，载《湖南商学院学报》2001 年第 1 期。

25. 郭丽红：《论操纵证券交易价格的法律控制》，载《现代法学》2000 年第 4 期。

26. 梅君：《股市第一案的罪与罚——从“中科创业操纵证券交易价格案”看我国证券法律责任制度》，载《中国审计》2003 年第 12 期。

27. 杜文俊：《论举证责任倒置在操纵证券交易价格案件中的适用》，载《社会科学》2002 年第 2 期。

28. 钱元昌：《论操纵证券市场行为的治理》，载《消费导刊》2008 年第 11 期。

29. 刘淑莲：《操纵证券、期货市场行为的刑法新规制研究》，载《北京工商大学学报》（社会科学版）2008 年第 9 期。

30. 刘淑莲：《操纵证券市场罪之堵截条款研究》，载《商场现代化》2008 年第 10 期。

31. 杜卫东：《操纵证券市场行为探析》，载《法制与经济》2008 年第 7 期。

32. 周平：《证券市场犯罪的刑法规范简介》，载《中央政法管理干部学院学报》1998 年第 1 期。

33. 彭剑戟、邱玉宇：《操纵证券、期货交易价格罪主客观方面若干问题的认定》，载《江西广播电视大学学报》2008 年第 2 期。

34. 杜娟：《操纵证券、期货交易价格罪的“是是非非”》，载《检察风云》2008 年第 3 期。

35. 廖北海：《论操纵证券、期货市场罪立法形式的完善——以本罪的修正为切入点》，载《求索》2009 年第 4 期。

36. 刘宪权：《操纵证券、期货交易价格罪行为方式之解读》，载《法商研究》2005 年第 1 期。

（二）外文论文

1. ［日］松尾直彦、岡田大、尾崎輝宏：《金融商品取引法制の解説（1）金融商品取引法制の概要》，《商事法務》No. 1771（2006）。

2. ［日］小島宗一郎、松本圭介、中西健太郎、酒井敦史：《金融商品取引法制の解説（2）金融商品取引法の目的・定義規定》，《商事法務》No. 1772（2006）。

3. ［日］山口己喜雄、平下美帆、西方建一、尾崎輝宏、平岡泰幸：《金融商品取引法制の解説（3）金融商品取引業協会・金融商品取引所》，《商事法務》No. 1773（2006）。

4. ［日］山口己喜雄、平下美帆、西方建一、尾崎輝宏、平岡泰幸：《金融商品取引法制の解説（4）金融商品取引業協会・金融商品取引所》，《商事法務》No. 1774（2006）。

5. ［日］山口己喜雄、平下美帆、西方建一、尾崎輝宏、平岡泰幸：《金融商品取引法制の解説（5）金融商品取引業協会・金融商品取引所》，《商事法務》No. 1775（2006）。

6. ［日］山口己喜雄、平下美帆、西方建一、尾崎輝宏、平岡泰幸：《金融商品取引法制の解説（6）金融商品取引業協会・金融商品取引所》，《商事法務》No. 1776（2006）。

7. ［日］山口己喜雄、平下美帆、西方建一、尾崎輝宏、平岡泰幸：《金融商品取引法制の解説（7）金融商品取引業協会・金融商品取引所》，《商事法務》No. 1777（2006）。

8. ［日］山口己喜雄、平下美帆、西方建一、尾崎輝宏、平岡泰幸：《金融商品取引法制の解説（8）金融商品取引業協会・金融商品取引所》，《商事法務》No. 1778（2006）。

9. ［日］山口己喜雄、平下美帆、西方建一、尾崎輝宏、平岡泰幸：《金融商品取引法制の解説（9）金融商品取引業協会・金融商品取引所》，《商事法務》No. 1780（2006）。

10. ［日］藤瀬裕司：《金融商品取引法等の改正と金融機関の業務》，《金融法務事情》No. 1793（2007）。

11. 特集《金融商品取引法〈金融法学会第 23 回大会資料〉》，载金融法務事情 No. 1779（2006）。

三、英文判例

1. Alabama Farm Bureau Mut. Casualty Co. , Inc. v. American Fidelity Life Ins. Co. , 606 F. 2d 602 (5th Cir. 1979) .

2. Cady, Roberts & Co. , 40 SEC. 907 (1961).

3. Charles C Wright, 3 SEC 190 (1938).

4. Crane Co. v. Westinghouse Air Brake Co. , 419 F. 2d 787 (2nd Cir. 1969).

5. Ernst & Ernst v. Hochfelder. 425 U. S. 185 (1976).

6. Federal Corp. , 25 SEC 227 (1947).

7. Greebel v. FTP Software, Inc. 194 F. 3d 185 (1st Cir. 1999).

8. Halsey, Stuart &Co. , Inc. 30 SEC 106 (1949).

9. Harris v. United States. 48 F. (2d) 771 (C. C. A. 9th, 1931).

10. Kardon v. National Gupsum Co. , 69 F. Supp. 512 (E. D. Pa. 1946).

11. Rex v. De Berenger. 3 Maule & S. 67,70, 105 Eng. Rep. 536 (K. B. 1814).

12. Santa – Fe Industries Inc. v. Green. 430 U. S. 462 (1977).

13. SEC v. Andrews, 1 S. E. C. Jud. Dec. 265 (S. D. N. Y. 1936).

14. SEC v. Texas Gulf Sulphur Co. , 401 F. 2d 833 (2d Cir. 1968).

15. SEC v. Torr, 22 F. Supp. 602 (S. D. N. Y. 1938).

16. Schnell v. Conseco. , Inc. , 43 F. Supp. 2d 438, 448 (S. D. N. Y. 1999).

17. Scott v. Brown, Doering, McNab & Co. , (1892) 2 Q. B. 724 (C. A.).

18. United States v. Brown. 5 F. Supp. 81 (S. D. N. Y. 1934).

19. United States v. Stein, 456 F. 2d 844 (2d. Cir. 1972).

20. United States v. Minuse, 114 F. 2d 36 (2d. Cir. 1940).

21. Wright v. SEC, 112 F. 2d 89 (2d Cir. 1940).